一日一分　ブッダの教え　365

アルボムッレ・スマナサーラ

まえがき

今日、あなたはどんな一日を過ごしていますか？ 時間に追われたり、困難な出来事に頭を悩ませたり、さまざまな気分に振り回されながらも、何とか今日一日を過ごそうと、夢中になっているのではないでしょうか？

私たちは、日々を生きることに精一杯です。どんな生命であっても、「生きる」ということはものすごく大変なことです。生きることは「終わりなき戦い」です。必死になって何とか生きているのが、私たちの毎日だと思います。

そうまでして私たちが生きているのはなぜでしょうか？

それは、「幸福になりたい」と思っているからでしょう。誰であろうと、どんな生き物であろうと、生命は幸福になりたいのです。

では、「幸福」とは何でしょうか？

おいしい食べ物、家や車、家族、お金に幸福があるのでしょうか？　もしくは、健康、知識、権力、名誉を得ることができれば幸福になるのでしょうか？

しかし、それらはいくら求めて手にしても、完璧な幸福にたどり着くことはありません。自分の外にあるものをいくら手にしても「もっと欲しい」という気持ちが生まれ、満足にたどり着くことはありません。しかも、生命は必ず死を迎えます。死を迎えたら、どんなに必死で得たものでも手放さなければならないのです。

お釈迦様は、世間でよく言われる、欲を満たすようなことでの「幸福」ではなく、「不満がないこと」「充実感が味わえること」、そして「生きる苦しみに終止符を打つこと」こそが幸福である、と明言されています。苦しみから苦しみへ、ただ移り変わっていくだけの人生はやめましょう、とおっしゃいます。

そして、どのようにすれば、満足を得て、充実感を味わい、苦しみばかりの人生を脱却できるのか、その方法についても明確に説かれています。一言でいえば、心を育てることです。幸福とは自分の外側にあるのではなく、自分の内側、すなわち「心」にあるものだということです。

この本には、心を育て、幸福に生きるためのアイデアがたくさん詰まっています。私の今までの著書の中から、お釈迦様の教えのエッセンスを、編集部が選んで並べてくれました。日々の生活の合間のちょっとした時間で読めるように、短く独立したもので構成しています。

まとめて読んでもいいですし、毎日一つずつ、ちょっとずつ読んでもいいです。最初から読んでも、途中から読んでも、ふと開いたページを読むことにしても、まったく問題ありません。仏教の智慧に「なるほど!」という納得を重ねていくうちに、いつの間にか、明るく毎日を生きられるようになっていると思います。

ふだんの生活の中に、仏教の智慧をとり入れてみてください。一日に一つでも学ぶことができれば、満足してよいのです。小さなことかもしれませんが、一つの学びは、次の学びにつながっていきます。その積み重ねが、心を清らかにする道なのです。

幸福への実践を日々続けられる皆様に、三宝のご加護がありますように。

アルボムッレ・スマナサーラ

目次

編集協力 川松佳緒里
中田亜希
佐藤哲朗
装丁 幡野元朗
本文デザイン・DTP 鯉谷英利
校正 アンデパンダン

第1章

あなたの毎日を、喜びと幸せで満たす

幸福とは何か？
喜びを感じて生きる
よく生きるためのコツ
今、この瞬間を生きる

001 幸福感は、楽や辛さでは量れない

「幸福」とは何でしょうか？

第一に、「不満がないこと」が幸福だと言えます。

ご飯を食べてもあまり満足できないのであれば、幸福だとはいえませんね。満足できれば幸福を感じるでしょう。それは、おにぎりを食べることが幸福なのか、ウナギを食べることが幸福なのかという比較の問題ではありません。「あなたは、何を食べると満足を感じますか」ということなのです。何を食べようとも、満足を感じたところが幸福なのです。

もう一つは、「充実感を味わえること」です。

「ああ、良かった、意味のあることができた」という気持ちになれば、難しいことをやっても、苦しいことをやっても気分が良いですね。たとえ、体力を使うきつい仕事をやったとしても、「よくやった」という充実感が生まれるなら、そちらに幸福があるのです。

ですから、辛いとか、楽しいとかが幸福のバロメーターではないのです。肉体的に辛くても幸福なときはあります。逆に、肉体的に辛いところはないのに不幸なときもあります。

002 最高の幸福とは

究極の幸福の定義とは、「終わりなき生きる戦いに終止符を打つこと、生きる苦しみがなくなることが最高の幸福である」ということです。

生きることとは、戦いです。それも終わりのない戦いです。その戦いの終了宣言ができたならば、「よくやった」という気分になります。それが究極的な幸福なのです。

幸福は外の対象にあるものではなく、自分の心の中にあるものです。

幸福はご飯にあるのでも、テレビにあるのでも、お金にあるのでもありませんし、家族にあるのでもありません。何を得ても満足、喜びを感じる性格に変わるなら、その人には幸福があるのだと言えます。何をやっても、「ああ、よくできた、良かった」と、それぞれに満足が得られれば、楽しく、幸せに生きていくことができるのです。

「満足」という言葉は仏教では大変大切な、命のような言葉です。我々は「天国での永遠の命」というくだらないことは目指していません。心理学的に、精神的なところで「満足」ということを狙っているのです。

003 善行為と悪行為の基準

すべての生命は苦しみを嫌い、幸福を求めます。それが生命の、生きる衝動になっているのです。したがって、自分が苦になる生き方は悪であり、自分が幸福になる生き方は善です。自分の生き方が苦になる、堕落する生き方は、悪行為です。ですから学校をサボることも、仕事をサボることも悪行為です。目先の楽を求める代わりに、自分が幸福になる可能性を削りとっているのです。

また、他人に苦を与える生き方も悪行為になります。すべての生命は苦しみを嫌がるものであると承知しつつ、他人に苦を与えるのなら、それは悪なのです。

反対に、他人に幸福を与える生き方は善になります。これが善悪の理論です。貪《とん》（欲）・瞋《しん》（怒り）・癡《ち》（無智）からの行為・言葉・思考は悪で、不貪《ふとん》・不瞋《ふしん》・不癡《ふち》からの行為・言葉・思考は善。そして、自分や他人が幸福になる生き方は善で、自分や他人が苦しむ生き方は悪。とてもコンパクトで、覚えやすいと思います。

004 幸福を求めて不幸になる

無智な生命は、刺激を受けることは楽しい、幸福なことだと勘違いをして刺激を追い求めます。けれども、刺激が欲しいというのは、わがままです。

刺激が欲しければ、刺激をくれる六つの器官、眼・耳・鼻・舌・身・意に頼らなくてはいけません。刺激を受けるために、見るもの、聞くもの、食べるものをずっと探し続け、それに依存しなければなりません。しかし、依存をすると自由、自立を失います。自由がなくなると、わがままは通じなくなります。そこに矛盾が生じます。

005 不幸になるのも自由

人の幸福・不幸は、その人の自由意志によって定めるものです。私たちには「幸福になる自由」も「不幸になる自由」もあるのです。無智でない限り不幸になろうと思っている人はいないのですから、意志をどのように管理すれば幸福になるのかを理解したほうが得です。

幸福にはなりたいが、意に反して不幸になってしまう人々もいるのではないかという疑問もあります。不幸になってしまう人には、自分の意志をコントロールできない、感情に負けてしまうという弱点があるのです。

006 人生は障害を乗り越えることの連続

たとえば、小さな子どもが初めて幼稚園に行くことも、その子どもにとってはあらゆる障害を乗り越えることなので、けっこうきついものです。でも、これに負けて「ぜんぜんうまくいかない。友達とも仲良くできない」などと泣きながら家に戻ってしまっては、まるで話にならないでしょう?

このように、生まれたときから死ぬまでずっと、大きさはいろいろですが、乗り越えなくてはいけない障害はいつでもあるのです。子どもの例でいえば、幼稚園の障害を乗り越えれば、無事に幼稚園を卒業して今度は小学校に行けます。それで、その障害を乗り越えればまた、無事に小学校を卒業して中学生になれます。

このように、人生というのは障害を乗り越えることなのです。それが真理であって具体的な事実ですから、障害のない幸福は成り立ちません。ですから、仏教からみれば悲観主義も楽観主義も、まったくくだらない話ということになります。

その障害を乗り越えると幸福を感じられますし、次の障害を乗り越えればまた幸福です。

007 なんでも笑いの原因

気楽に生きる人にとって、世の中で何が起こっても、それは冗談や笑いの原因であって、悩みの種ではありません。

出家をしている我々にとっては、もう何が起ころうが、すぐ笑えます。「あっ、大変だ。どうしてこんなことが？」ということは、ないのです。

それが幸福というものではないでしょうか。

008 共有から幸福が生まれる

たとえばビデオをレンタルして一人で見るよりは、二人でわいわいと見たほうが楽しいでしょう？　たとえ自分がレンタル料を払っていても、友達と見ればレンタル料以上の楽しみを得ているはずです。本当の楽しみは共有することで生まれます。いわゆる「布施」の精神です。幸福はそこから生まれます。

相手が求めようが求めまいが、ある程度のところで知らず知らずに我々はいろいろ共有します。幸福になりたければ、ものは「共有」するものなのです。

009 幸福の鍵は道徳

「道徳」とは正しい生き方であり、幸福の道です。道徳的な生き方をしていれば、心の病気がどんどん治っていきます。人生の選択はことごとく的中し、自分も周囲もどんどん幸福になって、人生が成功します。

人間は「幸福になりたい」ために生きているのが真理ですから、「道徳」を守って幸福になることほど、すばらしいことはないはずです。

010 そのままの自然を美しく感じる心

自然そのままが美しいと感じる人は心穏やかですし、明るく生きていられます。手近なもので満足できるし、高い品物を買わなくても済むのですから。

多くの人は、自然の風景を美しいと思っていますが、つい風景同士を比べてしまいます。軽井沢のほうがきれいだ、いや、北海道のほうがきれいだ、と。これは結局、苦しみの原因になります。どこの自然でもそれぞれの美しさがあり、同じくらい美しいと思えれば苦しみはありません。

011 主観の檻《おり》を破ってありのままに観る

人はものごとを「主観」という檻の中から見ています。ありのままに観ることはできません。どちらかというと、「あってほしいまま」にものごとを観察するのです。無性に蟹《かに》を食べたい欲がある人は、水族館の水槽にいる丸々と太った蟹を見て、蟹の生態を学ぶのではなく、この蟹はおいしそうだなあと思ってしまう。水族館の目的である蟹の生態を学ぶことではなく、自分があってほしいまま、「網の上で焼かれている蟹の姿」をイメージするのです。

人は誰でも、何を見たり聴いたりしても、主観という自分の檻の中から、ありのままではなく、あってほしいままに認識します。真理を発見するためには、不動の固定概念や先入観になる檻をつくるのではなく、つくった檻を破らなければなりません。ものごとをありのままに観察する人は、つくった檻を一つひとつ破っていきます。

ありのままに観ることを始めたときから、人は心の自由と安らぎを感じます。そして、この自己観察を始めた瞬間から人生が変わって、気分も楽になるのです。時間はかかりません。

012 心を育ててみんな幸福に

自分の心は自分で育てなくてはなりません。そして、自分の心を育てる行為は、他人を不幸に陥れず、他人に幸福を与えるのです。だからたった一人でも修行をすると、自然に他人も幸福になります。

自分しだいでみんなが幸福になるのです。私たちは、慈しみを育て、怒ることなく、道徳を守ることから始めれば、その瞬間から幸せを理解できます。心の病気を治すことが人生のモットーでなければ世の中は幸福にはなりません。

013 一個人としての正義

世界は正義を守らなくても、個人は自分と他人のために正義を守らなくてはなりません。

世界が良くなるまでジーッと待っていると、永久に平和に生きることはできません。世界が良くなるわけがありませんからね。だから個人個人が平和でいることです。

一人ひとりは真理に基づいて、真理を重んじ、真理に従った生き方をする。これで最低でも、自分と周りぐらいは幸福になります。

014 子どもの精神で楽しみを見つけよう

子どもは、たとえ面白くないところに連れていっても、到着して一分も経たないうちに、何かいたずらめいたことをして楽しんでいます。くぐることができるところなら、どこでもくぐってみます。登ることができれば、登ってみます。どこへ連れていってもすぐに楽しみを見つける子どもを見習えば、大人の皆さんもどんな難しいことであっても、楽しみを見つけることはできるはずです。「楽しく生きる」というのは、「集中力」を育てるためにも、幸せに生きる上でも、とても大事です。

015 喜びが大切なポイント

何かをやろうとするときには、欲でするのも、怒りでするのもだめなのです。必要なのは、喜びを感じることです。

喜びこそが「生きることは苦」という現実を緩和してくれます。

何かをやる上で、喜び・充実感を感じなさい、達成感を感じなさいということが大切なポイントです。それが成長の道、脳を開発する道です。

016 「楽しみ」は脳の栄養

「楽しみ」は脳の栄養なのです。「楽しみ」が脳を開発していきます。

世の中は楽しくないと何も進みません。成長はなくなります。楽しみがないと、破壊に向かってしまいます。ですから、大いに楽しみを見つけたほうがよいのです。

そして、大いに楽しむべきなのは「食べる楽しみ」などとはまったく違う「楽しみ」です。智慧を開発する「楽しみ」です。

017 喜びがあるから頑張れる

喉が渇いているときには一滴の水でもありがたいものです。人間が感じる幸福も、それと同じです。

苦しい人生の中で、我々には一滴の水のようなちょっとした喜びがあります。仕事は苦しくてもちょっとした充実感や幸福感、うまくいったときの達成感があります。子育ても大変ですが、「かわいい」「私の子だ」という愛情、成長を見る喜びがあります。

だからこそ、頑張れるのでしょう？　そんな喜びも捨ててしまったら、人間は人間らしく生きていられません。

018 善行のすすめ

「幸福は心にあり」とわかった人にだけ生きる目的が生まれます。それを知らない人々は皆、犬や猫や他の動物たちの生き方と何の差もありません。ただ流れに乗って生きているだけです。そこには、目的がありません。

人間ですから、食べるもの、着るものなど、いくらか必要なものはあります。これは最小限揃ったら、それで充分です。後はお金のためではなく、心を清らかにするために頑張ってみるのです。目標があると、生きる不安や曖昧さがなくなります。

仕事に行って、家に帰って、後は寝るだけという毎日の生活に、何か献身的な行為を足してみてください。「私は毎日の生活で精一杯です」と言ってしまうと、犬や猫のレベルを卒業できません。毎日のマンネリな生き方に何かを足してほしいのです。お金目当てではない、献身的なことです。「小さな善から始めてみる」ということが大切です。一つの善いことは、次の善いことにつながっていきます。その積み重ねによって、心が清らかになっていくのです。

善いことをしたことを心にフィードバックして、喜びで満足を感じるのです。

019 生命とのふれあいは喜び

飼っている犬が幸せだったら、自分が幸せでしょう? 人間は、いろいろな生命とふれあうと、限りない幸福を感じられます。昆虫たちや蝶々たちを見て、「みんな幸せに生きてるなあ!」などと、大きな喜びを感じるのです。

私は、自然豊かなところに行ったときには、流れている水の中を必ず見ます。魚とかザリガニなどがいて、「水がきれいで、えさがあってよかったなあ!」と、私が喜びを感じるからです。この喜びを得るためにお金はかかりません。

020 良いことを探す生き方

世の中のゴミを片っ端から探そうとする人は、毎日ゴミしか見えません。宝物を探そうとする人には、毎日宝物が見つかります。どちらが喜びと幸せで生きているかは、言うまでもありません。

臭いものを探す人は、気の毒に、臭い経験しか得られません。世の中の生命が持っているよいところをみる心があれば、すばらしく楽しく生きていられます。

021 喜びが創造力を支える

創造力を身につけるには、心の中を常に明るく保つことです。

創造力のある人、たとえば、芸術関係の人の中には、激しく厳しいことを言う人がいます。少しでも間違えると怒鳴ったり、机を蹴ったり。そうしているあいだは創造力がなくなりますが、彼らの心はいつも楽しい世界にいます。

創造力を身につけるためには、ものごとに対して興味、好奇心を持ち、喜びを感じるように励むことです。喜びを感じなければ、創造力はなくなります。

022 「初めて」が大事

なんでも「初めて」と思うことができれば、もう頭がビシビシ成長します。初めての気分が、脳に強いインパクトを与えるのです。データを刷り込んでしまうのです。

赤ちゃんや子どもはあらゆることが「初めて」ですが、大人はなかなかその気分になりませんね。ですから、大人の場合は、何にでも興味を持とうとすることがポイントです。

023 役に立つ生き方でいきいきする

役に立つ生き方をすると、充実感が生まれてきます。そこで初めて、生きることに意義が生まれてくるのです。そうでないと、生きることは無意味です。

赤ちゃんを抱えている若いお母さんたちはものすごく元気でしょう。何にも負けませんし、めげません。なぜかというと、若いお母さんは生きることに意味を見つけているからです。「自分が生きていないと子どもが大変だ」というわけです。それで、子どもが独立したとたん、やることがなくなって、ガクンと落ち込んだりもします。

こういう例を見ても、自分の生き方がいろいろな人の役に立っているということがすごく大事なのです。

九十歳になっても役に立つ生き方はできます。そうすれば、鬱《うつ》になったりもしません。

024 集中力は楽しいもの

「今している、これがとにかく楽しいです」というのが集中力です。ですから、「集中したら頭がよくなる」というのは、ちょっと違います。そうではなくて「集中したら面白い」「楽しくなるんだよ」というのが正解なのです。

たとえば、とても仕事を上手にこなす、能力をバリバリ発揮している人がいたとします。そのとき、仕事の効率がとってても優れていたとしても、その人が仕事を楽しんでいるかどうかは別問題です。世間では、「あの人は、とても仕事に集中して取り組んですごい」と言うかもしれませんが、仏教では「集中力がなく、ただ能力で仕事をバリバリこなしたところで、面白くはありませんよ」と言います。「集中力があったら、ものすごく面白いものですよ」と、言います。

025 楽しく集中力を身につける

堕落することなく「楽しく」やっていくために、いろいろな工夫を考えてみましょう。たとえば本を読むにも、「楽しく」なるように工夫すればよいのです。

まずは、楽しい本を探して読むのではなくて、自分が向上するような、知識を得るのに必要な本を探して読むことにします。しかし、自分のためになる本は楽しくはないのです。そこで、楽しくなるようにわざと仕向けます。

勉強の本を読むときに、わざと楽しくするのです。「今、楽しく数学の本を読んでいるのだ」「楽しく問題を解いているのだ」「フランス語に挑戦していて、楽しくてたまらないのだ」などと思えるようにします。ですが実際は、いざフランス語を勉強しようと思っても、最初に動詞の変化を覚えなくてはならなかったり、やることがたくさんあって、ちょっと先を考えただけで嫌になってしまいます。それを何とか工夫して「楽しい！　楽しい！」となるようにすればよいのです。楽しくなる方法を自分で発見していきます。

026 空腹を感じる意義

一週間に一日ぐらいでもお腹がすくようにしたらどうでしょうか。何も食べないで空腹を感じてみてください。すばらしいですよ。頭が悪いのは食べ過ぎだからです。

ですから、一週間に一回でいいから何も食べないで水だけ飲んで空腹感を味わってください。ものすごく、生きる喜びを感じます。

027 笑いは怒りをおさめる

我々は近ごろ、「笑い」を忘れがちです。「怒り」と「笑い」は両立しませんから、怒らないでいるために、とにかくよく笑うようにしてみてください。人間は笑いを忘れたことによって、ずいぶん不幸になっているのです。

まずは「笑って生活したい」と、心に言い聞かせてください。それから「私は今からよく笑う人間になるんだ。恥ずかしがらないで、声を出して堂々と笑うんだ」と心に決めて実践するといいです。

028 難しい仕事も楽しんでチャレンジする

仕事をするにも、「なんとなく楽しい」という気持ちになろうと努めます。気分的に楽しいと肩の力も抜けて、楽に仕事ができますし、うまくいきます。「楽しくやっていて仕事はだらしない」ということは、あり得ないのです。「楽しみ」だからこそ、仕事をしっかり行うことができます。

たとえば、難しい仕事をやり遂げることを、ゲーム感覚で「チャレンジ」ととらえれば、気持ちが違ってきます。嫌だと思わず、楽しく思えるようになります。ちゃんとやり遂げたときには、さらにそのときにも「うまくいったぞ!」「ああ、よかった」という「楽しみ」をフィード・イン(供給/feed in)します。「楽しみ」を脳に送ってあげるのです。「楽しみ」は脳の栄養ですから、ますますやる気が出てきます。

脳は、楽しくないと開発されません。世の中は、楽しくないと何も進みません。成長はありません。破壊の一方です。ですから、大いに楽しみを見つけたほうがよいのです。ただし、自分がだめになることではなく、自分のためになることで見つけるべきです。

029 感謝は、心をよく変える魔法

感謝するということは、自分の人生を失敗しないで大成功へ導く魔法です。感謝される人々は必ずこの魔法にかかります。自分を大事に育ててくれるのです。悩んでいるとき、問題があるとき、助けてくれるのです。自分を応援してくれるのです。

「空を飛ぶ」とか「変身する」などの魔法は嘘に決まっていますが、正真正銘の本当の魔法とは人の心をよい方向へ変えることだとお釈迦様は教えています。感謝すると、感謝する人の心も、感謝される人の心もよい方向へ変わるのです。

ですから、たとえ小さなことであっても、それに感謝する人がよい人間なのです。他人から感謝される人間も、言うまでもなくよい人間なのです。不幸な人々、頭の悪い人々、将来性のない人々は感謝できないのです。

ですから、「恥ずかしい」「面倒くさい」「別にいいや」という気分があるならば、すぐ直してください。恥ずかしくても感謝してください。

030 「そのうち」は永遠にこない

「そのうち」という時間は、永遠にやってきません。本当に大切だと心からわかっているなら、皆、今すぐに行動するはずです。そうでしょう?

それをやらないと本当に困ってしまうことであれば、どんなことを差し置いてもやるはずです。

031 仕事はバリバリ、完璧に

仕事はバリバリやりますが、「この会社がだめでも次があるさ」、そんな感じでその会社に執着はしないで、頼まれた仕事は誰にも文句を言われないようにしっかりとやります。

たとえば、「あなた、これをやってくれませんか」と頼まれたら、自分の仕事は完璧を期してやります。頼んだ人がお金を払うかどうか、払わないで騙されてしまうかもしれない、などというようなことは気にしません。気にするのは「私がやる仕事だから完璧にやる」ということだけです。

032 状況にあわせてアイデアを活かす

いきなりアイデンティティを出せ、自分を探せというよりも、まずは、世の中の要求をしっかりと把握することです。

すべては行為で表して、結果を出さなくてはいけない。世の中とは、そういうものです。でなければ、アイデアを出そうと思っても出てきません。

世の中の状況を把握して、それと併せて、「世界は日々変わらなくてはいけないものだ」と考える必要があります。奇跡は起こりません。私たちは、与えられたものから何かをつくり出すのです。

033 経験は忘れない

ものごとを理解するときは、経験で理解することに勝る理解方法はないのです。

経験したことに「忘れました」。間違いました。元に戻りました」などは成り立ちません。

人間はたくさんのことを勉強しますが、年を経るとほとんど忘れます。しかし、経験したことは簡単には忘れ去りません。

034 頑張るために生きている

人は自分の智慧を使って毎日毎日、やっと生き続けています。それが命の法則なのです。残念ですが、美しくはないのです。自然法則によっては「互いに慈しみなさい」と言われていないのです。

美しさは、我々人間が創るものです。「互いに慈しみましょう。助け合いましょう」と、我々が心でそう思って行動するのです。

いつでも、心が負けたら終わりです。私たちはなぜ、苦しみと脅迫だらけの恐ろしい環境の中で、お腹の中にいたときから殺されそうになりながらも勝つことができたのでしょう。たった一つの理由は心です。心が「頑張ってやるぞ」「この逆境は頑張るためのものでしょう。腰抜けで逃げるためのものではないでしょう」と頑張るから勝てるのです。

いつでも、逆境に対して戦わなくてはいけないのです。誰が戦うのかというと、自分の心が戦わなくてはいけないのです。

035 無駄話は罪

時間を有効に使わないことは罪です。皆、ちょっと時間に余裕があると無駄話をしたがりますが、これは危険です。

無駄話で人が幸福になることはありません。時間に余裕があったら、何か役に立つこと、何か勉強になることをしたほうがよいと思います。無駄話のかわりに、人の役に立つこと、知識を深めること、性格を改良するために必要なことなどを話すようにと、一人ひとりが、自分を戒《いまし》めなくてはならないのです。

036 環境が人間に影響する

人間はあくまでも人間らしい生活をするしかないのですが、その中でどんな人間になるかは、変えることができます。それは完全に外からの影響なのです。ですから、ブッダは「人間に生まれたら、よい人間と付き合いなさい。よい人々と仲よくしなさい。よい人の教えを聞きなさい」とおっしゃっています。

環境はあなたを変えます。個人は自分を向上させてくれる環境を選べばよいのです。

037 勉強は、自分だけのためにやるものではない

一人の人間が何かの学問を学んで、一人前になって自分が仕事をして生活するというかたちで人類に貢献しているのです。たとえガソリンスタンドでバイトするということであっても、人々は助かっているのです。

役に立つ仕事ができない大人になることは、社会に迷惑です。そのような人々を、社会はあたかも慈善事業のように助けてあげなくてはなりません。そのためにほかの人々は経済活動をして余分にお金をつくらなくてはいけないのです。それは社会に対する迷惑でしょう。

ですから、授業を受けて、難しい勉強を徹夜しながらやることを、自分だけのためだと思うのは、勘違いです。自分だけのためだと思っているから、嫌になったらやめたくなるのです。人が真面目に勉強するということは、人類に迷惑をかけないということであり、社会に何らかの貢献をすることであり、皆のために生きることでもあるのです。それを理解するならば、難しい勉強もやる気が出てきます。いろいろ嫌なことがあっても、それに足を引っ張られないように気をつけることもできるのです。

038 罪を犯さないことは身を守ること

「自分を守る」ということは、本当は、「罪を犯さないこと」なのです。

「自分を守ることは命を守ることだ」というのは屁理屈です。自分が殺されそうになったら「はいどうぞ。私は攻撃しませんよ」と言うほうが自分を守っていることになります。

また、そうやって開き直られると、敵には攻撃できなくなります。攻撃する気持ちが消えてしまうのです。

039 中身がある人は威張らない

稲は豊作になると、曲がって曲がって地面のほうに垂れてきます。対して、カラの稲はまっすぐ伸びています。稲穂がしっかり成長していっぱい中身が入っている稲は、美しく曲がって地面を見ます。下を見るのです。

人間も同じです。人格がそなわって中身があると威張りません。威張るということは、中身がないということです。

040 現実に生きる賢さ

ブッダの教えを、農民や、召使いの子は、すぐに理解するのです。

カントの哲学に詳しい旦那さんよりも、今日のスーパーの特売品を知っている奥さんのほうが、頭が良いのです。現実を見て、知って、正しい目的のために行動しているのです。その人が家を守っているのです。人の命を助けているのです。

そういう人には、「超」がつくほど難しいブッダの世界も理解できるのです。

041 無常に納得すると明るく生きられる

「明日はこうなってほしい」と欲することは、無常に逆らうこと、無常を侮辱することなので、失敗するのは当たり前ですし、「うまくいった」と思っても、それはたまたまです。

「明日はどうなるかなあ」という気持ちでいると、常に未知の世界を探検しているような気分になるので、面白さが増します。

無常に納得がいくと、とても楽しいのです。ワクワクします。

「明日、あの子が遊びに来てくれないかなあ」と希望するのではなく、「明日はどうなるかなあ」と思いましょう。

042 ふだんわがままだと、好きにさせてもらえない

社会での生き方というのは、「必要だからやります」というものでなければいけません。「もう嫌だ、この仕事はやらない」と思ってしまうのは、人間ができていません。思考がおかしいのです。本当の世界のことを知らない、わがままな人だということです。その人は自分のことにしか興味がありません。

自分のことにしか興味がないというのは、不親切で優しさのかけらもないという生き方です。そういう人は、まわりにすごく迷惑をかけます。そうすると、自分のわがままが通らなくなるのです。

そのわがままな人にも好みの生き方がありますが、まわりに対して不親切だから、かえってまわりから好きなようにさせてもらえません。つまり、わがままを言った時点で、自分のわがままを通らなくしたということになります。

043 欲から離れた生き方の秘訣

ご飯を食べる必要はありますが、デザートは食べても食べなくても、体の修復にあまりかかわらないかもしれません。

①欠かせないもの、必要なもの。

②欲しいもの。

この二つをよく理解してほしいのです。欲をよく知って、欲から離れて幸福に生きることを成功させるためには、第一段階として現実的に①と②の区別をするのです。

欠かせないものと、欲しいものの区別をつけること。これが欲から解放される方法です。

044 欲に対する道徳を守る

仏教では「欲に対する道徳を守りましょう」と教えます。

食欲についてだったら、「食べるなかれ」ではないのです。食べすぎはよくない、偏食もよくない、人のものまで奪って食べてはよくない。そういうことがいろいろとあるでしょう?

そういう、ご飯を食べる上でやってはいけないことをやらないとか、いろいろな決まり、しきたり、道徳などを守ります。それで、もう充分なのです。

045 人生とはしょせん虚しいもの

人生というのは、結局いくら頑張っても水の泡です。いくら一生懸命頑張っても、最後はすべて虚しいのです。何も後には残りません。

必死になって自分の命も惜しくないと思って子どもを育てても、子どもが大きくなったらどうなるでしょうか。親など必要なくなってしまいます。どこかへ行ってしまい、家で待っていても帰ってきません。母親は寂しく一人で家に取り残されてしまうほかないのです。結局、最後はそんなものです。歳をとって病気になったら子どもは助けにならないし、旦那さんも助けにならないし、奥さんも助けにならないし、薬も効かないし、ただ虚しいだけです。

結局人生は虚しくて苦しいのだから、だからどうだというのでしょうか。自暴自棄になってしたい放題のことをするのですか？　そのようなことをしても元の木阿弥で、さらにストレスをためるだけではないですか？

だから私は力を抜いて、気楽に生きてくださいと言いたいのです。やっているのは、しょせんアホなことだと気がつくと、楽になるのです。

046 面白がって生きる

面白がる気持ちで、明るくやってさえいればいいのです。

たとえば私は長い衣を着ていますから、雨が降ると濡れないように歩くのがすごく難しい。だから、雨の日には出かけるのが嫌です。それでもどうして出かける気持ちになるのかというと、一万円ぐらいの傘を買ったからなのです。それだけで楽しくなるのです。そして事務所に着いたら、「今日は高い傘をさしてきたんですよ」と、みんなに自慢します（笑）。

これは冗談ですが、雨が降ったからといって「雨が降って困ったなあ」という気持ちはありません。せっかく高いお金で買った傘をさせるのですからね。電車に乗り遅れたとしたら、私は、「あの電車に乗っていたら、次の電車に乗れなかったでしょう。ああ、得をした」と思います。次の電車まで十五分もあるから、あわてずのんびりしようと。私はそういう生き方なのです。

047 真実だけを語ろう

真実だけを語ろうとすると、ほとんどしゃべることはなくなります。「これはこれです。あれはあれです」と事実を言うだけになるので、とても静かになります。

口が静かになればなるほど、ストレスも少なくなります。そして、心はとても落ち着いていられます。

048 「認めてほしい」を「慈しみ」に変える

人間がみんな本来持っている、「認めてほしい」と思う気持ちを、何とか「慈しみ」に変えなければいけないのです。「認められなくてもいいいんだよ」と。人間はみんな忙しくて、自分の苦しみで手一杯で、そんな余裕がないのですから。

たとえば、一生懸命、すごく真剣にお茶を入れても、持っていったらカップに入っているお茶しか見えません。裏でどんなことをしていたか、推し量る余裕はないのです。ですから、認めてもらおうとせず、ただ自分が他人の役に立つように生きましょう。

049 歩くという重要性

歩くということは深い哲学です。ただA地点からB地点に行く、という大したことのない話ではありません。昔は「歩く」ことには深い意味がありました。

歩くということは、いろいろな人に会うこと、いろいろな環境に出会うこと、いろいろな違う環境を経験することです。ずーっと自分を変えること、学ぶことなのです。

昔は今みたいに大学という具体的な場所はなく、インド全体が大学であって、あちらこちらに教授や、学問のプロがいるような感じです。歩いていかないと学べないのです。一人の人が歩いて、教えてくれる人を探す。それが人生であって大学でした。

歩くということは学ぶこと。歩いていろいろな人に会って話してみて、猫に出会ったら猫にもちょこっとしゃべったり、犬に出会ったら犬にもしゃべってみたりして、ずーっと人生は変わって変わって成長していったのです。

050 「依存している」という事実と義務

人間は依存なしに生きることはできません。

しかし、人々は「いや、私は依存していない。自分一人の力で生きている」と主張し、依存している事実を無視しようとします。これが間違いなのです。

自立・独立を謳《うた》う前に、まずは現実を把握してください。我々の肉体は死ぬまで、徹底的に依存して生きている寄生態です。すべての生命から自分を切り離し、一人きりで生きるということはできません。だからこそ、本当は「正しい依存の仕方」を学ばなければいけないのです。つまり、依存している母体を正しく守るために、一方的な依存ではなく、相互依存を目指す必要があります。

たとえば、呼吸をして生きている人間は、空気を持つ地球に生かされています。言い換えれば、人は地球の空気に依存しているのです。その代わりに、人はこの大気圏を守る義務を負っています。我々は空気を汚さず、きれいにする努力をしなくてはいけません。これが相互依存の関係です。

051 観察の成果

人間の心は、まわりに依存して生きています。花が咲くと、花に依存してきれいだと思います。台風がくると、嫌だなと思います。地震が起こると、すぐ悲しくなってしまいます。まわりの環境に振り回されて、くたくたになってしまう心をもっています。自分一人では幸せになれません。でも、世界をよいように動かすことはできません。

自分の心をずーっと観察していけば、動揺や不安がなく、落ち着いていられるようになります。すごい結果なのです。心が自立するのです。

052 判断はするものではなく現れるもの

穏やかな心には、より良い判断が現れます。

本当のことを言うと、判断はするものではなく、現れるものです。穏やかな心でどうなっているのか、と見れば判断は自然に現れます。２＋２＝４だと判断するものではありません。自然と４という答えが浮かび上がってくるのです。

このように正しい判断というのは、あえてしなくても現れるものです。しかし、その正しい判断は心を穏やかにしておかないと現れてきません。

053 「忙しい」というのは錯覚

皆さんは、よく口癖のように「忙しい、忙しい」と言っていますね。

覚えておきましょう。「忙しい」というのは錯覚です。

いつでも今の時間で、瞬間で、できることは「一つ」しかありません。いつでも今の一分で、一秒で、できる仕事は一つしかないのです。二つ、三つ同時にはできません。

そして、過去のことを考えること、妄想することも、一つの仕事なのです。そればかりで時間がなくなってしまうのです。

054 今の仕事は後でやることはできない

私たちは、現在に生きることをしないで妄想に耽《ふけ》っているから、過去に足が引っ張られて洗脳されているから、台無し人生になるのです。

過去のことを参考にしながら、過去のことを思い出しながら、あるいは妄想しながらいるから、今の仕事をぜんぶやっていないのです。

やらなかったことは、そのまま溜まってしまいます。しかも、溜まった仕事をこなす時間は永久に出てこない。後でやろうとしても意味がないのです。

055 「一回しかないチャンス」の連続

生きるということは、「一回しかないチャンス」の連続です。一回しかないチャンスが終わったら、また一回しかないチャンス、一回しかないチャンスです。

一回しかないチャンスが、連続しているのです。十五年間生きたということは、それまでの一秒一秒で何かをやったのです。その一秒一秒でやったのは、一回しかできないことなのです。

056 誰でも「今を生きている」

今を生きる以外に、誰にも何もできません。私がわざわざ「今を生きなさい」と言わなくても、今を生きるしかできないでしょう。要するに、誰でも、「今を生きている」のです。それなのに、人生は、悩み・失敗・落ち込み・苦しみなどで満杯なのです。なぜでしょうか。

私たちは今現在、過去の妄想で、将来の期待感で、頭がいっぱいなのです。

しかし、一つの時間で、一つの仕事しかできません。ですから今現在、行うべきことを行わず、怠けていることになるのです。

057 瞬間で見れば、悩み苦しみは存在しない

皆さんに、この今の一分で、今の六十秒で、やり遂げられないこと、大変な悩みになることが何かあるでしょうか？　「今」、何か解決できない問題がありますか？

今、足が痛いとする。解決できない問題ですか？　足がちょっと痒《かゆ》くなったとする。それも問題ですが、どうということはないでしょう。掻《か》けばいいのです。

足が痛くなったら、足を崩せばいいのです。今の一分で、座っていて眠気がきたとする。別に解決できないことではないでしょう。そこら辺で立ったまま聞けばいいことです。

今の一分で解決できない問題は、一つもないのです。今の一分で成功できないことは、一つも存在しないのです。それなら、次の一分はどうでしょうか。同じことでしょう。

では、この悩み・苦しみ・落ち込み・失敗とは、何なのでしょうか。存在しないでしょう。あり得ないのです。今の一分は問題ない。その六十秒が終わったら、次の六十秒に入るでしょう。その六十秒も問題なし。次の六十秒も問題なし。うまくいきます。

058 難しい、「現在に生きる」ということ

「忙しい」と思うときは、頭の中で、現在のことではなくて、将来のことがからむのです。いつでも、現在のことではなくて、過去や将来のことを考えてしまう、これはすべての人間がやっていることです。過去のことを考えると悩んでしまうし、将来のことを考えると、ものすごく忙しくなったり、心配になったりして、緊張感が生まれてイライラします。それで、現在に失敗します。嫌な人間になってしまいます。

何かをやっているのに過去や将来に心が行ってしまうと、現在がきちんとできません。真剣さが足りないし、今していることに楽しみが感じられません。

現在に生きるということは、ものすごくトレーニングしなくてはできません。なぜなら、我々は現在に生きていないことにトレーニングを積んでいるからです。みんな、将来に生きる、過去に生きるというトレーニングを積んでしまっています。みんな妄想家で、現実家ではないのです。

059 過去も将来も存在しない

将来とか過去は、存在すらしないのです。過去は死んでしまって、もうない。将来は生まれてもいない。

過去に対して悩んでも無駄です。割れた花瓶に対して悩むことはできますけど、もう割れてしまったのですから、悩んでも無駄です。だから、過去に悩むなかれ。そしてまだ生まれてもいない将来は、わからないのですから、計画を立てるのは不可能です。だから、将来に期待するなかれ。今ここでしっかりとsati《サティ》、気づきをもって生きなさい、と仏教は言います。

060 今の人生の宿題をやろう

泣いてはいけません。悩んではいけません。「あの過去をもう一度」と、そんなんでもないことを思ってはいけません。過去には絶対に戻れないのです。

年齢にしても、たとえば三十五歳になったら、いくら踏ん張っても三十四歳には戻れません。ですから、三十五歳を楽しんで、三十六歳になったら三十六歳を楽しむのです。毎年が宿題です。

061 時間は待ってくれないと知ろう

たとえば、小学校というのはたった六年間で、どれほどのことを学ばなくてはいけないか、どれほど成長しなくてはいけないかということを考えてみてください。そこで無駄に過ごしたら、永久にダメージを受けるでしょう。大学はたった四年です。それで一人前の人間にならなくてはいけません。

だったらなぜ、その時間を無駄にするのでしょう。男は三十五、六歳でも、四十歳でも結婚できるのだけれど、女性はそうはいかない。老いるスピードがものすごく速い。

人生に対して緊張感をもってほしいのです。「ああ、時間は待ってくれないのだ」と。

だから、「どのような仕事をしようか」などと言っていられる場合ではないのです。皿洗いでも、男性なら土を掘ることでも、なんでも、とにかくやるしかありません。生きていなくてはいけない、親の面倒をみなくてはいけない……というふうに、結局は今やるべきことに〝賭ける〟しかないのです。

第2章

心の正体を知れば、人は成長することができる

心の癖
感情と理性
心を育てる

062 「これがあれば幸せ」は嘘

我々はお腹が空くと「嫌だ」と思い、おいしい食べ物に飛びつきます。子どもたちは好きなマンガやゲームを買ったりできれば幸せだと思ったりします。大人も、お金に幸せあり。名誉に幸せあり。何かの記録をつくることに幸せあり。人気があること、有名になることに幸せあり。権力に幸せあり。体を美しく見せることに幸せあり……限りなく挙げることができます。

このような生き方、「これがあれば幸せ」という生き方は、ぜんぶ「嫌だ」という気持ちから出発しているのです。

063 執着して道具の奴隷になってしまう

人は「命を支えてくれるから、ありがたい」と思って、財産に、権力に、家族に、仲間に、自分自身に、徹底的に執着して生きています。

ありがたいものを得るために、得たものを守るために、苦労します。罪を犯します。お金のため、財産のために、生きる奴隷になってしまうのです。

財産や家族などは、生きることを支えてくれるはずの道具なのに、道具に支配される生き方になるのです。見事なあべこべです。

064 人生が納得いかない理由

本来の心は不定なものです。本来の心というのは、無智と欲と怒りです。強者ではなく、弱者なのです。だから心は隠れようとするのです。

しかし、心は弱者でありながら、同時に強者気取りで自分を管理しています。ですから、人生はろくな結果にならないのです。弱者たる心で自分を管理しているから、人生は納得がいかないのです。

065 未来を知ることはできない

未来を知ることは不可能です。知ることができると思ったら、大きな間違いなのです。理性がある人なら、いくらかは推測できますが、その通りになるとは限りません。頭が抜群に良い人だったら、「将来こうなるだろう」とは言えますが、そうなるとは決まっていないのです。ですから、予測、予言などは成り立ちません。

預言者は大勢いますが、予言が当たったためしは一度もないでしょう。

しかし、私たちはそれでも予測や予言を信じてしまうのです。

066 記憶はいい加減なもの

私たちは過去の一部を覚えているだけで、他は忘れているのです。誰かに「自分の過去を思い出してください」と言ったら、とても雑に、いい加減に、途切れ途切れで思い出すでしょう。「一歳でこういうことがあって、二歳ではこういうこと、三歳ではこういうこと……」というようには思い出さないのです。

以前、駅で若いお父さんと子どもの微笑ましい光景を見かけました。階段を下りようとしたとき、子どもは、自分で階段を下りたくないから、父親の体に飛びつきました。父親は、何のことなく抱っこしてあげるのです。私はそれを見た瞬間、「この子は大きくなったら、親に抱っこしてもらったことを覚えているだろうか」と思いました。私たちは、忘れてしまうのです。そして、何か悪いことをして「コラッ、何をやっているのだ」と怒られたことだけを覚えているのです。感情で過去を思い出しても、それは役に立ちません。

記憶はすごくいい加減です。思い出せるのは、初恋の人とか、感情で記憶になった過去で、理性で引き出せる過去ではありません。私たちは感情で記憶してしまうのです。

067 性格に合わせて過去を思い出す

性格と過去はつながっています。私たちは過去を、性格に合わせて思い出すからです。過去を思い出すときは、バイアスが必ず入るのです。ですから、思い出せる過去は役に立たないのです。

たとえば、怒り型の人が思い出す過去は、怒ったことばかりなのです。あるいは、なんでも怒りのバイアスを入れて、「あれも悪かった、これも悪かった」「母親は毎日ご飯をつくってくれたけど、あまりおいしくなかった、安いものばっかりだった、スーパーで半額になったものばっかりだった」などと思い出します。

同じ過去の出来事を経験していても、善悪を判断する智慧（理性）型だったら、「私を育てるために母親はものすごく苦労していました」「母はとても頭が良かった。私たちにお腹いっぱい食べさせるために、いつでも半額になるまで待って買ってくれた」などと思い出すのです。

このように、過去を思い出す場合は、性格に合わせて思い出すのです。

068 意志は自分の自由にならない

意志とは、どうにもならないものです。たとえば、お腹が空いたら食べたくなる。聞きたくない恐ろしい声が耳に入ると逃げたくなる。いずれも、どうにもなりません。意志が生まれたら、我々はまるでロボットのように動かなくてはいけないのです。

痴漢や人殺しなど、悪いことをするときも同じです。いったん感情が湧き上がって意志が生まれたら、もうどうすることもできません。ですから、「自分は神様か何かに生かされているのではないか」という誤解も生じるのです。

069 幻覚に振り回され怒る大人

小さい子どもは、泣きながらけんかをしても、すぐにケロッと機嫌を直してしまいます。けんかの対象が長く気持ちに残らないのです。だから顔も美しいし、けんかをしてもかわいい。

大人のけんかは、しつこくて醜い。けんかが終わった後も頭の中で延々と感情のやまびこを聞き続けています。それは、結局は、ただの幻覚に触れ、それに振り回されているだけなのです。

070 どうにもならない反応で生きている

意志は情報に触れることによって必然的に起こるものです。体にデータが触れると、否応なく意志が生まれます。その意志は自分では管理できません。そこで、「他の意志によって生かされている」と思ってしまうのです。

たとえば、美しい花を見ると気分が良くなります。お花見に行くと、立派な男性たちが、だらしのない格好で酔っ払って、大勢の人々の前でほとんど裸になって歌ったり、踊ったりしていることがありますね。あくる日、本人に「恥ずかしくなかったのか」と聞いても、「そう言ったって、どうしようもないんだよ」という答えが返ってきます。確かにどうにもならないのです。人間は、データが体に触れると意志が生まれて、猿のように反応して動いてしまうものだからです。

人間は、ほとんどの場合、この「どうにもならない」ということで動いているのです。食べ過ぎも同じです。後で自分を責めても、食べているときはどうにもなりません。後悔しますが、やめられません。

071 自分の心のささやきに勝てるか?

「嘘をつかない」と決めても、心が「嘘をつきなさい」とささやきます。「殺さない」と決めても、敵を、嫌な人を、邪魔な生命を「処分しなさい」と心はささやきます。「バレないなら邪《よこしま》な行為も何のことはない、自然な行為だ」と心はささやきます。「悪を犯さないことで自分が損をしているのではないか」「皆にバカにされるのではないか」と心がささやくのです。自分の心のささやきに、逆らう勇気がありますか?

たとえ「私は嘘をつかない」と決めても、心は耳元で、「嘘をつきなさい」とささやくのです。心のこのささやきにはたいていの人が負けてしまいます。

私たちは、まず世間から「嘘をついたほうがトクだ」「本当はバレなければ殺してしまったほうがラクだ」などといった暗黙の攻撃を受けています。しかし、それだけでなく、自分の心も自分を攻撃するのです。世間様と自分の心、二つの激流があるのです。

072 いつも煩悩《ぼんのう》を生じさせるのは自分

山は煩悩ではないのです。花は煩悩ではないのです。金銀宝石は煩悩ではないのです。金銀は単純な金属ですし、宝石は石以外の何ものでもありません。その宝石を見た人間の心に生まれる感情を、仏教は「煩悩である」「欲である」と言うのです。どんなにすばらしく、美しいと感じるものであれ、欲を引き起こす、ただの対象です。

ですから、よく覚えておいてほしいのです。外の世界は悪くありません。いつでも問題は自分にあるのです。単純に自分が悪いだけなのです。

073 問題を起こすのは自分の勝手な心

花瓶に花を挿して眺めると、なんてきれいだと喜びを感じたり、感じなかったり、嫌だなと感じたり、いろいろでしょう。

そのとき、花は何も悪いことをしていませんね。問題を起こすのはぜんぶ、自分の勝手な心です。不平不満ばかり感じる心の持ち主に地球のすべてをあげても、不平、不満を呟《つぶや》くのです。

お釈迦様は言います。「あなた方には、地球の全財産をあげても満足はしないのだよ。不幸はなくならない」と。「問題は財産にあるわけではない」という意味です。

074 明るい心で生きましょう

生きる上で何よりも気をつけたいのは「心が汚れないこと」です。なぜかというと、我々は心が汚れると、ものすごく不幸になるからです。どんな意見でも、それにしがみつくことは心の汚れの大きなポイントになります。それに、どんな意見も無常ですから執着には値しません。

仏教が「心が清らかであるべき」と言うのは、意見にしがみついて言っているわけではなく、経験からくる教えです。心が暗いと不幸になり、心が明るい場合は、けっこう人生はうまくいきます。ですから、常に明るい心で生きるのが一番ですよ、ということです。

人がどうして、いつも明るい心でいることができないのかといえば、人間には「ちょっとしたことで、すぐ心が暗くなってしまう」という弱点があるからです。

075 無智の強弱の差

　別にどうということもなく過ぎてしまう怒りもあれば、人生を台無しにしてしまうほどの、とんでもない怒りになることもあります。

　なぜそのように怒りに強弱が生まれてしまうかといったら、それは「無智の強弱の差」だということになります。

　何か同じような出来事を繰り返し経験しても、その人の無智の波の強弱によって、その人に生まれてくる怒りの強弱が変わるのです。

076 嘘の本質は

　嘘とは、人を騙して自分が得をしようとする行いです。

　物質的な何かを得ようとしたり、相手に「自分は偉い」と思わせたい場合、人は嘘をつきます。自分への自信のなさが背景にあるのです。

　真実だけを話す場合、口数は本当に少なくて済みます。口が静かであれば、心は落ち着いてストレスもなく過ごせます。

077 知識・学問、妄想は失敗を生む

世の中は誤知でできている世界ですから、認識、知識といわれるものは、何のことはない、間違いです。しかし、真理ではないそれら学問・知識・技術などにも、生きる上で必要なものはたくさんあります。

学問は正しくありませんよ。科学者の知識も間違っています。変です。しかし、人は勉強しなくてはいけません。牛は学問がなくても生きていられますが、人間は学ぶことなしに生きるのは無理です。

しかし、一生懸命、勉強して、養った知識に基づく行動さえも、失敗したり間違ったりします。もともとが「誤知」の世界のもので、間違いだらけですから当然です。皆さんが学校で学んだ知識は、失敗を生みます。大学で学んだ知識さえも、それに基づいて行動して失敗します。その上さらに、人間はよく妄想するのです。妄想が、またさらに大変な失敗を生みだします。

078 生きるのを邪魔する妄想

人々は、あらゆる失敗の原因を妄想の中で探します。生きることは誰にとっても、楽なものではありません。毎日、大変です。その都度、その都度、出合う問題に客観的に立ち向かわなくてはいけません。父親が厳しかったから、片親に育てられたから、家は貧乏だったから、運や運勢が悪いから、墓参りをしないから、周りはライバルばかりだから、などなど、妄想する愚か者は生きることに挑戦しないで、逃げるための理由だけは無限に挙げます。その一つも、本当の理由ではありません。

はじめから、生きることは大変です。生きること自体、終わりなき挑戦なのです。しかし、目を開けて客観的にものごとをみるなら、生きる戦いは携帯でゲームをやるような、ちょろいものだと発見するはずです。それを邪魔するのは妄想です。妄想をやめられないのは、自分で好んで妄想するからです。自分の墓穴を自分で掘る必要があるのかと、考えたほうがよいのです。

079 不完全な言葉を回転させて恨み続ける

「言葉は正しくない」のです。言葉は不完全ですから、完全に正しいということはあり得ません。その言葉を、不完全な我々が精一杯に選んで話したところで、これまた不完全な相手にうまく伝わる保証など、どこにもないのです。

赤ちゃんは、花を見たら笑うし、お母さんにきつく言われたらすぐ泣きますが、それで終わってしまいます。すごく心の中はきれいです。過去の嫌なことを、ぐちゃぐちゃと言葉で考えて反芻《はんすう》したりはしません。誰の頭も、赤ちゃんのように柔らかでいてほしいのです。

大人は違います。嫌なことをしつこく覚えていて、思い出したりして、「私をののしった。私に迷惑をかけた。私をいじめた。私に勝った。私のものを奪った」、そういうろくでもない概念をまた延々と回転させるのです。頭の中で考えて恨み続けます。いつでも頭の中で「人に負けた」とか「悔しい」とか、いろいろなことを考えて、怒りが生まれ、怒りはどんどん膨張して、他人を破壊する前にまず自分を破壊して、不幸を味わってしまいます。

080 「思う」はあてにならない感情の流れ

「我は思う。ゆえに我あり」ではないのです。真理は「認識によって『我あり』という幻覚が生じる」ということです。

「思う」とはどういうことでしょうか。瞬間瞬間、無数のことを思うのです。子どものときと若いときでは、思うことはまったく違います。おとなしい人が犯罪者になったり、犯罪的な思考をもっている人が自分の思考を改めたりもします。一瞬先、我々は何を思うのか、誰も知らないのです。「思う」はあてにならない、瞬時に変化する、予測もできない感情の流れなのです。

081 妄想はとても危険な代物

世界にある一切の精神病の原因は、まとめて、たった一つ。「妄想」です。

現代心理学は、妄想をぜんぜん気にもせずに、いろいろな病名をつくり出します。精神医学の世界では、もしかすると十万〜二十万種類くらい病名があるのではないかと思うほどです。しかし実際、医者がやっているのは、病気を訴えてきた人に、「あなたは○○症です」と言ってあげることだけです。仏教の立場から分析すれば、たとえ精神病の病名が一億あったとしても、原因はたった一つ、妄想なのです。

082 妄想のとりこになって怒るな

良いことや役に立つことだったら、覚えていてもいいのですが、それはさっさと忘れてしまいます。一方で、相手が間違ってちょっと言い過ぎたことや、気がつかないでちょっと言って気に障ったことだけを、徹底的に覚えています。考えれば考えるほど、どんどん怒りの感情が生まれてきて、体を壊して、自分の幸福が消えていきます。

「ののしられた」というのも、「いじめられた」というのも、「負かされた」というのも、「盗まれた」というのも、ぜんぶくだらない。このくだらない妄想概念を反芻《はんすう》して膨らませて不幸の塊になるのは、最悪です。だからたとえわずかでも、我々の頭の中にこうしたくだらない妄想概念をつくらないようにすることです。それが怒らない秘訣です。

083 欲をなくせば大幅に幸せ

仏教では、三大煩悩《ぼんのう》の最初に「貪《むさぼ》り・欲」をもってきています。

「三大煩悩＝貪瞋癡《とんじんち》」について簡単に言えば、癡（無智）はベースではたらき、目立って見えるのは貪（欲）や瞋《しん》（怒り）です。

欲と怒りはコインの表裏のようなもので、表側が「欲」です。欲が先なのです。ですから、欲が克服できれば、大幅に煩悩を克服できます。欲の克服は即、幸せにつながるものです。

084 欲はなくすもの

欲には限りがありません。つまり、満たせるものではないのです。欲を追うことは蜃気楼を追うことなのです。期待が叶う日はけっして来ません。それどころか、追うとひどい目に遭います。

蜃気楼を追っても追っても、水にはたどり着かず砂漠で死ぬことになるでしょう。同じように、欲を追っても追っても、「大満足で幸福」などという日はやって来ません。待っているのは破滅です。

ですから、欲は追うものではなく、なくすものなのです。

085 比べない気楽さ

人と比べる気持ちは、あればあるほど、生きづらいです。「あの人は上手だ、あの人は下手だ」など、そういうことで、皆、どれほど苦しんでいることでしょう。それさえ捨ててしまえば、何のことはありません。何を言われても平気でいられます。

他人をみて、「この人はこうだから、自分はこうするべきかなあ」と人と比べるのではなく、自分にできることをやればよいのです。できなければやめればよいのです。

086 もつべき価値観

「すべての悪をしないこと、一切の善行為を行うこと」

そういう教えを価値観として心に入れると、心がしっかりして、すごく安定して、何の不安もなくなるのです。

複雑な世の中にあっても、ニコニコとしながら「金持ちもいるし、貧乏人もいる」と、落ち着いて生きることができます。

087 自分を直せば幸福に生きられる

感情というものは、外部から大きな影響を受けますが、それもこれもひっくるめて、やはり根本においては個人しだいです。「怒るのも、愛情をつくるのも、その個人の勝手である」ということを、まず理解してください。怒るのは誰のせいでもなく「私のせい」なのです。

逆に言えば、我々にはわずかな見込み、光があるのです。「自分を直せば、怒りの感情を完璧に追い払って、愛情の感情、あるいは幸福の感情だけで生きていられる。その可能性が充分ある」ということです。

088 正直者がよいわけではない

「自分に正直」には、よい場合と悪い場合があります。

自分に正直といっても、わがままや怒りや憎しみをはじめとする感情が起こります。その自分の感情に正直になり、人を怒鳴ったり人に迷惑をかけたりしてしまうと、正直であっても、よいわけではないのです。

089 「欲」はコントロールできる

「欲」はどうにも手のつけようのない本能のように見えるかもしれませんが、理解さえすれば簡単にコントロールできます。「欲しい」と「必要」を区別するだけで、コントロールできるのです。

自分の欲の対象になるものは区別します。そして、欲しいものはできるだけ少なくするのがコツです。いろいろ言い訳してでも、いらないことにするのです。

たとえば、高価なカバンを見て「ああ、欲しいなあ。格好いいなあ」と欲が出ても、「結婚式に出る予定もないし、ほとんど会社に行くばかりだし、それ以外はほとんど家にいるだけだし、このカバンを持っていくところがないわ。買っても使わないならいらないわね」というようなやり方です。あるいは「そんなカバンを持ってどこに行くっていうの？」などと、ちょっと意地悪な質問を自分に投げかけてもいいかもしれません。そのように工夫してでも、欲しいものは削除するように努めるのです。

090 悪口で不幸になるメカニズム

悪口は、平和を壊す言葉です。怒りの心です。自分にとって気に入らない他人のあれやこれやを並べたてます。

しかし、欠点のない人などいるでしょうか。欠点は誰にでもあって当たり前ですから、本当は優しく教えてあげたりしなくてはいけないものです。それなのに、世の中の人は「君はまったくけしからん！」などと、自分の好みで言いきったりします。人を傷つけたり、心に怒りを燃え上がらせたりすれば、自分が不幸になるのは、当然です。

091 怒りを確認することが大事

私たちは怒ったら、怒りを「認識」はしないのです。感情というのは、次から次へと同じものを生み出しますから、怒ったら次の瞬間の感情も怒りなのです。怒りが生んだ結果だからよい結果ではありませんし、それが生む結果もまたよい結果ではない。そこで同じ感情を長い時間つなげてしまうのです。ところが、「怒りです」と別なところで「確認」してしまえば、次の結果は自分が確認した結果であって、怒りが生んだものではないのです。

092 自分を守る言葉

もし、あなたが怒鳴られたからといって、どうして怒鳴られたあなたまで怒る必要があるのですか？　そこでもし自分がムカついたら、それは自分の責任になります。人の言葉に反応して怒って怒鳴り返したら、それは自分が自分を敵に回したということなのです。自分の責任です。

ぜひ、「己の敵は己である」ということを覚えておいてください。「私が私の敵である」と忘れないでください。そうしてこの言葉を、自分を守る武器にしてください。

093 吉凶は自分で決める

理性のある人は今日一日を無駄にしないのです。

占いではなくて、「自分自身が今日一日をどのように生きるか」ということで、吉か凶かが決まります。だから簡単です。「今日は不幸になりたい」と思ったら、不幸になればよいし、「今日は幸福になりたい」と思ったら、幸福になればよい。今日一日の成功は自分しだいなのです。

094 自分は不完全だと考えよう

ストレスがたまらないようにするにはどうすればいいかという問題を考えてみましょう。ストレスがたまらなければ、ストレスを解消する必要もなくなるからです。

まず必要なことは、自分は不完全でいいのだと認めることです。我々は大した存在ではありません。ロクな人間ではないのです。大して美人でもないし、それほど頭がいい男でもないし、知識人でもありません。

「大したことができるわけではないけれども、それなりに頑張っているんだ」と考えるのが一番いいのです。適当に、ほどほどに頑張っているんだという考え方。それは危険な考えのように聞こえますが、危険ではないのです。大したことをしようとするほうが、かえって危険なのです。大したことをしようとすれば、自己破壊の道を進んでしまいます。

095 性格を計画的に変えよう

性格は死ぬ寸前まで変わり続けるのです。日々年を取ることも、体という環境の変化です。年を取るたびに性格が変わる。住む場所、する仕事、付き合う人々、ペットなどによっても性格が変わるのです。

けれども、どのように変わるかは、わかりません。ですから、理性に基づいて計画的に性格を変えたほうがよいのです。〝変わること〟と〝変えること〟は違います。悪い性格からよい性格へ、またよい性格からより優れた性格へと、計画的に変えていくのが正しいのです。

096 理性のある人は現在に集中する

見たり、聞いたり、嗅いだり、味わったり、触ったり、観察したりできるのは、今現在のことだけです。腐っている食べ物のにおいを嗅いでも、買ったときのにおいはわからないでしょう。現在のものは、嗅ぐこともできる。触ることもできる。味わえる。観察することもできるのです。

状況が悪ければ変えることも、よりよい状況にすることも、現在なら、なんでもできるのです。理性のある人は、見えるものに、つかまえられるものに集中して、そこを何とかするのです。

097 妄想でなく現実に生きれば幸せになりやすい

私たちは、ずっと妄想して妄想して、妄想の世界で生きています。つまり、欲の世界で生きているのです。ああしたい、こうしたい、ああだったらいいなあ、これが欲しいなあ、こんないいことがあるといいなあ……。それは限りなく続けることができます。

しかし、現実とは折り合いません。ですから、「どうして現実はそうじゃないんだ！」という怒りにもなり、また「こうだったらいいのに！」「こうなりたい！」という悪循環に陥っているのです。

もし、欲という妄想を理性で抑えることができたなら、妄想の世界ではなく、現実の世界に生きられることになります。欲という妄想を抑えれば抑えるほど、我々はすごく具体的に、現実的に生きる人間になるのです。具体的で現実的な希望は叶いますから、幸せになりやすい人間になれるのです。

098 怒りの流れの断ち切り方

怒った心が、次に怒りの心を作り、次にも怒りの心を作ります。だから、次から次に怒りの心を作ることで怒りの感情が増幅することもあるし、逆に減ることもあります。

ある人はどんどん怒って怒って、どうしようもないところまでいってしまう場合もあるし、他の人は感情が湧いてどんどん怒って、それからどんどん減って消える場合もあります。

心の感情というのは三種類で、一つは上がって上がっていって自己破壊になるか、もう一つはどんどん上がって、それからジワジワ減っていくか。さらにもう一つは、上がり下がりもなく、そのままずっと何十年も、ある一つの感情の波が続くか。いずれにしても、よくないことなのです。

そこで「怒り」という感情があったら、そこを「あ、これは怒りです」と認識すると、その人はその瞬間、客観的なのです。事実をありのままに見る理性を持っています。

理性の心が次の心を作りますから、次に生まれるのは「怒り」ではありません。こうして流れを切ってしまうのです。

099 感情的にならないよう気をつけよう

感情で生きていると「これはちょっとまずいからやめておこう」などという調整が難しいのです。感情的になっているときは、理性が機能しません。ですから、夫婦のあいだでも、恋人同士でも、お互いのタブーを破ってしまう。言ってはいけないことを言ってしまったり、やってはいけないことをやったり、いろいろなトラブルが起こる。そのとき理性は機能しなくなっています。しかも、感情には波があります。上がったり下がったり、けっこう波は激しいのです。上がったら「集中力」がありますが、下がってしまうともう「集中力」なんてひとかけらもない、というようなことになります。

たとえば、ライバル意識から勉強する場合、怒りがエネルギー源になって「集中力」を発揮して、勉強に励みます。しかし、怒りというのは、そのうち下がります。そうすると「まあ、いいや」「どうでもよくなった」「やーめた」となって、勉強をやめてしまいます。

感情というのは何か一定の、安定した力をもちません。ですから、ちゃんとした成果が出るまで「集中力」が保てるかどうか、まるで保証されないのです。

100 悩むべきことは何もない

ある男の人が私とけんかをして家に帰ったとしましょう。皆さんは、そういう場合、どのような気分になりますか？　落ち込んだり、悩んだりしそうですね。

しかし、けんかして相手が帰るくらいのことは、世の中でごく普通の、当たり前のことでしょう。どうしてそれくらいのことで悩むのでしょうか。ごく普通で当たり前のことで悩むのなら、今日のお天気のことで悩むのと同じです。「今日雨が降らなくて困ったなぁ」と落ち込めばいいでしょう、あるいは「今日暖かくてどうしよう」と落ち込めばいいでしょう。そういうことであなたは落ち込むでしょうか？

さらに言えば、人生で起こることはなんでも当たり前なのです。不思議なことは一つも起こりません。それなのに、なぜ悩んだり、怒ったりするのでしょうか？

101 生きるのに必要な力

私たちが生きているこの世の中で、やるべきこととは何でしょう？　どうすれば怒りを抑えられるのか、どうすれば嫉妬を抑えられるのか、どうすれば相手を憎まなくて済むのか、どうすれば仲良くできるのか、必要なのは、そういうことではないでしょうか。

いじめられても、それに耐えられる精神をどうやってつくるか、経済状況が悪化しても、とにかく持ちこたえるためにはどうすればよいか、そんな現実的に生き抜くための力です。

102 信じることと正しさは別物

「何かを信じる」ことは、信じる人が勝手にすればよいことです。しかし、それは「道徳」ではありません。すべての人にとって「正しい生き方」というものが、確かにあるのです。それは、「信じる」「信じない」とは、まったく別の話です。

宗教に頼らざるを得なくなった人は、どこかの組織に入って自由を失うしかなくなります。そこで説かれていることが正しいのかどうかわからないまま、ただ信じなければならないからです。それでは幸せになれません。

103 衝動的な行動と道徳的な生き方の戦い

「つい、やってしまう」衝動的な行動と、「道徳的な生き方」との戦いにおいて、「道徳」を守ろうとする人は毎回、毎回、苦労するでしょう。殺さないたびに、毎回、苦労します。怒らないたびに、毎回、苦労します。そして、どんどん、自分の心に気づいていきます。

自分に「怒りがあるから、憎しみがあるから、こんなに苦しんでいるのだ」と、気づくのです。そして、「では、『怒り』をなくそう、生命を慈しもう。みんなかわいいと思って生きよう」と思えて、楽になります。

つまり、それまでのように感情からすぐに行動を起こすのをやめて、自分の状態に気づき、理性で考え、判断して行動できるようになっていくのです。生き方の選択を間違うことはなくなっていきます。

104 あなたを守れるのはあなた一個人

宇宙の力であろうが自然の力であろうが、世の中の自然法則は想像もできないほどすごい力を持った、ものすごく怖いものです。地球の自然と私一人を比較してみたら、私個人には何の価値もなくなるほどのものです。そのような、個人にとって絶対的な脅威を「神」と呼ぶことで、ごまかしているのではないかと感じます。

残念ながら、神はいません。守ってくれるナントカ様もいません。自分を守れるのは自分だけです。人生は、誰の人生でも、実際にそうなっているのです。

105 瞬間の不幸で長く悲しんでしまう

自分の子どもが死んでしまったら、その瞬間の出来事のせいで一生悲しむのです。子どもが長い間不治の病で苦しんでいて死を迎えるときは、親の心の準備ができていて、悲しみは長引きません。しかし、瞬間の出来事には対応できないのですね。

瞬間の不幸で一生苦しむことになるのは、理性主義ではないからです。人間は弱いので、いつでも理性的になるとは期待できないのです。そう簡単に不幸な出来事を忘れることができないのが、人間の悲しいところです。

106 反省は、好結果につながる

「悩み」と「反省」の区別がついていいない人がいます。「反省」を悩むための自分自身への言い訳にして、自分は悩んでなんかいない、反省しているんだと言ってさらに悩むのです。

反省というのは「原因」と「結果」を再評価することです。なぜこの結果になったのかと考える明確な再検討（restudy）です。反省をしたら失敗した原因などが明確になりますから、よいコンディションになります。だから次は、前よりもよい結果が出るでしょう。

107 理性で集中力を育てよう

よい感情は、厳密にいえば感情ではなく理性です。ですから、理性がある場合は、制限なく「集中力」を育てられます。その「集中力」は、自分にも他人にも、幸福を与えます。これが「なんでも叶う幸せの秘訣」となる「集中力」です。

よい感情というのは、世界を、みんなをよくするすばらしいものです。皆さんに育てていただきたいと願うのは、このよい感情です。つまり「理性による集中力」です。

108 迷惑はお互い様

みんな自分なりに「これくらいなら迷惑じゃないだろう」と思って生きています。迷惑をかけないようにしようと思いながら、迷惑をかけてしまっているのです。みんなお互い様です。そこで私が「あなたの行動は迷惑だ」と文句を言っても、仕方がないでしょう?

相手のわがままが通れば私に迷惑、私のわがままが通れば相手に迷惑ですから、中間を取って迷惑の量をできるだけ減らすしかありません。まったく迷惑を受けずに生きるということは、人間のあいだでは成り立ちません。実際、それを理解してしまうと、たいていのことは、気にならなくなってしまうのです。

おばあちゃんが大きな荷物を持って満員電車に乗ってきたら、周りはかなり迷惑かもしれません。けれど、おばあちゃんの立場で考えると、まあ許してあげようか、という気持ちが生まれてくるでしょう。そんなふうに他人のことをやさしく見るようにしてみてください。「他人が自分に迷惑をかける」と文句を言うのではなく、相手の立場、言い分を理解するのです。

109 生きることは迷惑

人間には、誰にも迷惑をかけないで生きることはできません。そもそも生きること自体が、かなり迷惑な行為です。一日の食事のためにどれくらいの命がなくなっているのか、考えたことがありますか？　ですから、「私が他人にかける迷惑は最小限にするぞ」と決めて、努力するしかないのです。

何をするにしても、自分がすることをしっかり自分が管理して、自覚して行うようにすれば問題は起こらないのです。

110 心が完成した人は何にも依存しない

心が完成しているならば、そこに、何にも依存しない、強い究極的な幸せがあります。花がなければとか、マンションがなければとか、家族がいれば、結婚できればとか、ぜんぶ、消えてしまいます。

「結婚できれば幸せ」と言っている人は、結婚できないせいで不幸だと思っていて、結婚をしたら、今度は「離婚ができれば幸せだ」と言います。この場合、同じ結婚が不幸の原因にされています。その人にとって自分はいつも無罪なのです。それは、あまりにもあべこべな思考です。

111 強い心で生きる

生きていれば当然、歳もとるし病気にもなります。いつかは死ななければなりません。それまでのあいだに幸せになるためにはどう生きればいいかというと、心を管理して悪循環を断ち切ることです。不幸な出来事に出合っても落ち込まないこと、幸福な出来事に出合っても舞い上がらないことです。

そうはいいますが、我々人間にはそう簡単に、心の自己管理はできません。叱られたりすると、すぐに嫌な気分になって、暗くなります。逆にほめられたりすると、明るく楽しくなって、舞い上がってしまいます。そうなると、他人に支配されたりだまされたりします。心は、情報が入り次第変化します。外の世界から入る情報にあっという間に左右され、自己管理することができません。このようなことをまとめて「心が弱い」といいます。

「心を育てる」とは、心がいろいろな情報に左右されないように鍛えることです。強い心を持てば、「不幸な出来事」に出合っても心乱されることなく、安らかな、幸せな気持ちを保つことができます。

112 幸せになるための集中力

「より善い人間になろう」と思い続けること。知識や智慧の開発に努めるため頭を使うこと。この二つだけをとってみても、実現するためには「集中力」が必要です。

逆に、きちんと「集中力」を身につけてこの二つを心がけて生きれば、幸せになります。それまではできないと思っていたことも、いつの間にかできるようになります。何かをしたときに、期待通りか、それ以上のよい結果が出るようになります。何より精進することが楽しくなります。

113 善を行う代わりに善を演じてしまう

本心では納得していないのに、無理やり「私はやはり悪い人間だ」と思っても、何の効き目もありません。中身をそのままにしておいて、善い人間になろうとするのは問題です。我々の中身は悪です。なのにそれを正当化して、自分の本当の気持ちを正しいと思っているから、善を行う代わりに、善を演じるはめになるのです。

善を演じている限り、性格は向上しません。

114 わがままな心でする行動は信頼できない

人間は結局、死ぬまでずっと「あれが好き」「あれが欲しい」、それだけです。その希望を叶えることだけ考えて、ほかのことには見向きもしません。理屈も合理性もぜんぶ捨てて、目的だけをめがけて走っていきます。

それを得たらどうなるのか、選んだ道が正しいかどうかは、まったく考えません。代わりにすぐ考えるのが、「一番近い道はどれか」ということです。

だから、「一番近い道は一番危ない」のです。

たとえば、お金がたくさん欲しいと思ったとき、一番近い道は強盗ですね。人生経験がある人なら「それはさすがにヤバイから、商売でもしよう」というくらいは考えますが、それでもその商売が正しいかどうかは、やっぱり考えません。

結局、「自分の行動は、まったく信頼できない」のです。わがままで智慧のない心の命令に逆らえない以上、私という人間がいつ何をしても不思議はありません。このことを、しっかり肝に銘じておいてください。それだけでも、ものごとは確実に良いほうに向かいます。

115 心を育てると能力は早く上がる

人を感動させる演奏家になりたいと必死で訓練しても、能力向上はのろのろとした進み具合です。しかも、ちょっとしたことで緊張したり、不幸な出来事でも起きたら、長いあいだ訓練していた能力もそのときは沈んでしまいます。これに対して、演奏の訓練も適切に行いつつ心を清らかにする能力を育てるなら、演奏の能力も何の苦労もなく上がっていきます。よい教育者になろうと必死で研究したりしても、結果はうまくいかない可能性はあります。しかし、生徒たちを我が子のように感じる慈しみの心さえあれば、見事な教育者になるのです。

これがどういうことなのかは、少々理解できないと思います。これは心の法則です。人は体で生きているのではなく、心で生きています。人の幸不幸、成功失敗、名誉非難などなどは、肉体がもたらすものではありません。心がすべての創造者なのです。ですから、あれこれと無数のことに欲張って挑戦するよりは、自分の心をきれいにするようにと挑戦することが、手っ取り早いです。確実です。

116 学問より「脳のトレーニング」が大事

学ぶことでいくらか脳のトレーニングになります。たとえば、数学自体が役に立つのではなく、数学を学ぶことで得る脳のトレーニングが役に立ちます。だいたいのスポーツは、現役は三十五歳ぐらいまでですが、スポーツをやったことが脳のトレーニングになって、一生の役に立ちます。

歴史や考古学や工学やら、学問として学ぶことはぜんぶ役に立ちません。しかし、学問を学ぶ過程で脳がトレーニングを受けていて、それは一生、自分から離れません。

117 性格を変えるチャレンジを

「嘘をつかない」と決めたら、嘘をつけない人間になるためには何十年もかかります。二十年間嘘をついたことがない人は、それから嘘をつけなくなっていくのです。それから強い意志、諦めないこと、誘惑に負けないことなどが必要です。また、自分の心の中身をチェックしなくてはいけません。

このように、性格を変えるということは大変難しいのです。難しいのですが、ぜひ挑戦すべきことでもあります。

118 あなた個人が人格者になりましょう

誰でも、「私のおかげで、あなたのせいで」という態度で生きたいのです。そうでない人は変人扱いされるほどです。

「私のおかげで、あなたのせいで」というのは、精神的にできていない人間のやり方です。ですから、ぜひ、精神的に成長している人間になりましょう。国や政治家には期待できません。腰抜けで賄賂《わいろ》をもらう政治家でなければ、人気は出ません。ほかを期待するのではなく、あなた個人が人格者になることが求められます。

119 良いことへ精進しましょう

怒るのはたやすい。怒らないのは難しい。欲張るのは簡単。欲張らないのは難しい。悪いことなら、皆、いくらでも精進できます。遊ぶことなら徹夜してまで遊びます。よいことをしようとすると三十分以内で疲れます。眠くなります。嫌になります。

悪い方向に育てている「精進」を、よい方向へ育てられるようにと切り替えなければなりません。「精進」がよい方向に向かったら、夢中で遊んで楽しんでいる人々よりも、よいことをして楽しむことができるようになります。

120 相手次第で怒らない、きれいな心の人になる

私たちは普通、自分にとってマイナスであるものを嫌って、嫉妬したり、憎んだり、恨んだりします。世の中の論理は、よい人には優しいですが「悪人はつぶせ」というものです。仏教では、すべての生命に対して限りなく優しさをもつことを説きます。

いくら相手にひどいことをされても、「私は嫌わない、私に怒りはない」と落ち着いていられれば、すばらしいです。誰かを嫌いになったら、その人のことを考えるたびに自分が暗くなって、心が汚れてしまいます。怒りは猛毒です。どのような場合でも、怒りを正当化してはなりません。

相手がどうであろうと、あっけらかんとして、何を言われてもきれいな心でニコニコしている人こそ、人生の勝者です。幸せになりたければ、そういうしっかりした人間になることです。

121 弱い心を強くする

人は弱いものだと言いますが、弱いのは実は心です。誰でもすごくおびえ、震えている、ものすごく弱い心を持っているのです。ですから、何とかして心を強くしなくてはなりません。

卒業論文を書き終えて、最後の面接試験を控えた若者から、「面接が心配で仕方がありません。どうしましょう」と相談されたことがあります。私は、「面接するのは、あなたの先生たちでしょう。四年か五年も付き合った、よく知っている相手です。だったら、何が怖いのですか。お前、本当にアホじゃないかと面接で言われても、自分の先生なのだから、ニコッと笑えば、それで終わりです」と言いました。彼はそのアドバイスに納得して、見事に卒業して、今は仕事に就いています。

この場合も、心に微妙な弱みがあったのです。「赤の他人に言われるのではないのだから、何を言われたって大丈夫だよ」と言われたことで、不安がなくなったのです。心を強くすることができたのです。このように、特に大事な局面では智慧のある発想で、心を強くして臨みたいものです。

122 自信がないからこそ頑張る

俗世間では「自信がない」と言う人を「自信を持ちなさい」「大丈夫だよ」と励ましますね。しかし、そんなカウンセリングをしても効果はありません。

私も何人かに同じような相談をされたことがあります。こちらの答えは「だから、何？」です。いかにも私には自信がありそうに見えるのでしょうか。そんなものはありません。結果がどうなるかなんて、わかりっこないのですから。ごちゃごちゃ考えていないで、目の前の仕事をするしかないのです。不安はずっとあるものですから、ほうっておくしかありません。先のことなんてわからないから、不安は消せません。自信なんかなくてよいのです。結果は、因果法則に基づいて現れるのです。

すべきことは「自分の持ち分の仕事」です。結果は自分の管轄外なのです。

心から不安をなくすということは不可能です。不安だから引きこもると言ったら、人類は皆、引きこもりになってしまいます。

だから自信がないからこそ頑張りなさい、挑戦しなさい、ということなのです。

123 差別意識をなくそう

人間の心には「違ったものを受け入れない、認めたくない」という気持ちが隠れています。だから差別やいじめはなかなかなくなりません。他人の生き方や習慣などを「変だ」と思ったり、逆に「すごいなあ」と思ったりしますが、どちらも差別意識の元です。

そうではなく、「人間は多様であり、生き方も習慣もいろいろだ」とありのままに受け入れる人格的な柔軟性こそが、仏教的な器です。そこには文化的な差別はなく、あるのはただ「人間」だけです。

124 すぐれた善友になるのも自分の心

親は子どもになんでもしてあげたいと思うでしょうが、大したことはできません。

しかし、自分の心を育てれば、この上のない幸福を自分にもたらしてくれます。「自分の心を育てると、母にも、父にもできぬことを心がしてくれるのだよ」とお釈迦様はおっしゃいます。ですから、心に頼るしかなくなるのです。大敵になるのも自分の心ですが、ものすごくすぐれた善友になるのも自分の心なのです。悪魔も、神も、自分の心なのです。

125 すべての行為を大事にする

無意味なことは、一つもありません。いくら些細なことであっても、朝起きて歯を磨くことも、大事な人生の一部です。

朝起きる、歯を磨く、朝ご飯を食べる、着替える、カバンを持って出かける、電車に乗る、知り合いに会ったら挨拶をする、会社に行く、そういうふうに二十四時間の中でやっていることすべてが生きることでしょう。一つの行為も、ほかの行為より優れているわけでも劣っているわけでもありません。とにかく「それが何なのか」と、観察していくのです。

126 妄想をやめて、心の認識速度を上げる

「これは美しい花だ」というように、主観的な判断・妄想をしてしまうと、対象がありのままに見えなくなってしまいます。妄想し、感情を動かしてしまうと、心が汚れてしまうのです。

そうではなくて、何も考えず、心を汚す隙を与えずに、目に映るものごとをすべて見る、流れゆくすべての音を聞く、そのことだけに集中します。そうすると、何の音かと認識する余裕がなくなり、心の能力が上がります。

127 気づくだけで人生が開ける

気づくだけでよいのです。「謙虚に生きよう」と思っても、そうはなれないでしょう？　でも「自分はどちらかというと全知全能のつもりなんだなあ」と気づくことはできますね。それだけで問題が起きてもただちに解決します。人生はたちまちうまくいくのです。

子どもがけんか腰に何か言ってきても、「なんだ、お前は」とはなりません。「ちょっと話を聞いてみようか」となるのです。

もし、子どもの言っていることがチンプンカンプンだったら、「それはね、こういうことじゃないの？」と言う。子どもだって話を聞いてもらった後だから、「なるほど、そういうことか」となるでしょう。それで子どもの人権を守って、自分も「頭がよく働いて問題を解決できた」と、いい気分になります。「うまくいった」ということで、幸せを感じるでしょう？

128 心のコントロール＝自由

すごく大きな音がしたら、心はすぐにそちらに向いてしまいます。あるいは、瞑想中でも、突然何かを思い出したら、心はそれを追ってあれこれと妄想してしまいます。いい加減に情報を追いかけていくとろくなことはないのですが、心はつい自己コントロールから離れてしまいます。

仏教では、「ただ流されるだけの生き方をやめて、自分で生きてみたらどうですか」と、そこを直すことを推薦します。心をコントロールできることが「自由になる」ということなのです。

129 守るべきは十項目だけ

「十悪」は、殺生（殺す）・偸盗《ちゅうとう》（盗む）・邪淫《じゃいん》（邪《よこしま》な行為をする）・妄語《もうご》（嘘を言う）・両舌《りょうぜつ》（噂を言う）・綺語《きご》（無駄話を言う）・麁悪語《そあくご》（悪口を言う）・瞋恚《しんに》（心で勝手に妄想する怒り）・貪欲《とんよく》（心で勝手に妄想する欲）・邪見（間違った意見をもつ）という十種類の行為です。その行為自体が、いつでも罪になると仏教ではとらえます。

「十善」は、「十悪」をしないことです。「十悪」を犯さなければ、心がどんどんきれいになって、どんどん幸福に向かいます。

第3章

人生の悩みは、仏教で解決する

悩み
人間関係
子育てと親孝行
成功と失敗

130 今やるべきことをやる人が励む人

今現在、「怠け者か？　励む者か？」で判決が出ます。今現在、怠け者なら、人生は悩み苦しみでいっぱいになるのです。怠けるということは、今の仕事をやっていないのです。その代わりに頭で過去と将来のことを考えているのです。その人は仕事をしていないのだから、悩むしかないのです。

励む人は、妄想に囚われていない人です。妄想に囚われることなく、今やるべきことをやっていて悩みがない。悩む暇がないのです。

131 結婚相手が見つからないときは

結婚適齢期なのに、相手が見つからないと悩む女性に、私は「男を探すことをやめれば、すぐに良い結婚相手が見つかりますよ」とアドバイスしました。

結婚したいとばかり考えている女性は、男に逃げられてしまいます。相手の外見ばかりを追いかけて中身を見なかったり、自分の外見ばかりを磨いて中身を磨くことを怠ると、相手は寄ってきません。まずは、欲、怒りを抑え、自信を持ちましょう。落ち着いたあなたを見れば、良い相手があなたに惹かれてやってくるはずです。

132 今の瞬間、悩みや問題はない

「死ぬまで生きるのだから別にいいじゃない」というくらい気楽ならいいのですが、それでも人は不安になります。なぜかというと人間には、具体性、客観性、真理などの大事なものがないからです。次の瞬間に私が存在するかどうかもわからないわけですから、リアリティ（事実、現実）は今の瞬間しかありません。ですから本当は、今の瞬間のことだけ気にしていればいいのです。今の瞬間だけなら心配するような問題は一切ないのです。今の一秒の間には、別に何の問題もないでしょう？　今の瞬間だけが事実だし、具体的だし、実際に生きているのは今の瞬間です。私たちは一生ずっと秒単位で生きているのです。

ときどき私は人に訊きます。「何か問題を抱えていますか？」と。みんないっぱいあると言いますが、次にこの質問を出すのです。「では、今の一秒で何か我慢できないほどの問題はありますか？」。そうすると誰でも決まって、「いいえ」と答えます。それで「あなたは具体的に言えば今の一秒しか生きていないし、これからもずっとそうです。だから今の一秒に問題がないなら、一生何の問題もありません」と言います。

133 悩みはあるもの、解決すべきもの

美しいバラの茎にはトゲがあります。そこで私たちは、「トゲがあって触《さわ》れない」と、ただ困っているのではなく、トゲでケガをしないようなバラの扱い方を学びます。トゲは消えてくれませんからね。人生の悩みも、バラのトゲと同じです。

あるいは、ジャガイモは収穫したとき、必ず皮があり土まみれです。ですから、どうやって土や泥を洗って皮を剥いて食べられるようにするのかは、私たちの課題です。土からマッシュポテトの状態で掘り起こせるなどということはありません。畑からぽっと穫って、そのままマヨネーズをかけて食べることはできないのです。では、それが問題なのかというと、問題でもなんでもなく「当然」のことであり、我々人間が解決すべきことなのです。

これと同様に、悩みもあって当然のもので、解決すべきことですから、私たちは必要以上に困ったりしないで、「悩みというのは、我々を生かしてくれるよいものだ」ぐらいの感覚でいたほうがいいのではないかと思います。

134 悩み・落ち込みは大損失

仮に、皆さんが一万円の札束をもらったとします。そのとき、「ああ、ちょうどよかった」といって、一枚一枚に火をつけて、「ああ、あったかいなぁ！」と手を温めたりするでしょうか？　そんなバカなことをするはずがありませんね。しかし、過去のことで悩んだり、落ち込んだり、または将来のことを心配したりすると、これはもう、自分の全財産に火をつけるような感じなのですよ。

四十カラットのダイヤモンドを見つけたとします。ダイヤはすごく硬いものですが、それを金づちでバコンと打ったら割れて壊れます。それほど硬くないのです。四十カラットのダイヤが、そのままあったらものすごい金額になりますが、粉々になったら無価値です。私たちは悩んだり心配したりして、このように、せっかくの財産をつぶしてしまうようなことをやっているのです。

135 病気のときの気づきを大事に

我々は健康なときには、悪い性格が表に出ないようにしていますが、病気になると、わがまま、不満、不親切、人と仲良くできない、雰囲気を悪くする、人に当たるなど、いろいろな嫌な性格が表に出てくるものです。その機会をうまくとらえてほしいと思います。

本来の自分の性格はこういうものであったのだと気づくきっかけにしてください。そして、できるだけ早くその性格を直さなければいけないと気づいてください。

136 眠れないときの過ごし方

眠れないときは、たいてい精神的に混乱しています。無理に眠ろうとする必要はありません。ただ、横になって目を閉じて、心の悩みを消す。それだけで充分です。心の悩みを消すためには、けっして寝たい、寝たいと思ってはいけません。

眠れなくても今はふとんの中にいるのですから、暖かく気持ちよくいられるはずです。それは本当に楽しいことで、その楽しい気分を味わうのです。ふだん眠れるときにはわからない、ふとんの中の心地よさを明るく味わってください。

137 眠れないときの瞑想

眠れないときは、本格的な瞑想ができます。ふとんの中で気持ちよく横たわっている上に、本格的な瞑想ができるのですから、これはよかったと考えてください。

寝たままで呼吸を観察します。「今、息を吸います。体が膨らんでいきます。今、息を吐きます。体が縮みます。お腹のほうから縮んで、空気は鼻の穴から出ていきました。吸います。空気は鼻の穴からスーッと入っていって、お腹のほうまでいって、お腹が膨らみました。吐きます。お腹のほうが縮んで、縮んで、空気は胸のほうへ出ていって、鼻の穴から出ていきました」と、呼吸の流れを、逐一、心で追っていくのです。

呼吸を観ていて心が乱れたときも、余計なことを考えないで、すぐに呼吸の観察に戻ってください。繰り返しになりますが、寝たい、寝たいという気持ちは忘れてください。呼吸を観察する瞑想をすると、不眠の問題は解決します。そして心も体も完全に休むことができます。

138 悪思考の打ち消し方①

質《たち》が悪い、なかなか入れ替わらない悪思考に対しては、考え続けるデメリットを見つめてください。「こんなことを考え続けたら人を殺してしまうのではないか」、「こんなことを考えていたら勉強が手につかなくて、試験に落ちるのではないか」といった具合に、具体的に、時には大げさに、自分が怖くなるくらいのデメリットを考えると、その悪思考は消えるでしょう。恐ろしいことになるから、考えるのはやめようと、思考を断ち切り、自分を守るのです。

139 悪思考の打ち消し方②

デメリットを考えてもまだ、悪思考が消えない場合は、その思考を無視する、考えないことにするのです。見たくないものが目の前にあれば、目をそらしますね。思考の場合も同じように、目を閉じるように、悪思考をやめるのです。

妄想が止まらない場合は、あえて何か一つのこと、たとえば体でもいいし、呼吸法のことでもかまいません、そのことに集中します。テーマを一つに決めて、そのことだけに集中する。これが悪思考を無視する効果的なやり方です。

140 嫌なことを言う人が苦しんでいる

人がいやがらせを言っているときは、その人は怒っています。あるいは嫉妬しています。無智のために、とにかく落ち着きがなくなって声を出しています。その人が自分自身のストレスを、自分自身の心の中にある苦しみを、言葉として発散しているのです。

ですから、「あなたはバカです」と言われたら、その意味は「言われた人がバカです」ということではなくて、「言った人がかなり苦しんでいる」ということです。

141 リーダーは怒らない

いつでも、リーダーになるのは怒らない人です。政治の世界にしても、お互いにやり合ったり、けなし合ったり、いろいろあるでしょう。そういう世界であっても、何を言われても、かなり落ち着いてニコニコしていられる人が、大臣やら総理大臣やらになれるのです。ちょっとしたことで怒ってけんかしてしまうと、議員の立場もなくなってしまいます。

本物のリーダーはけっして怒りません。怒らない人は、みんなの手綱《たづな》をつかんでいるのです。

142 「好かれたい」と思うと好かれない

「私は好かれるようにしたい」だなんて思うことは、絶対にやめてください。そんなふうに思っていると嫌われます。「希望すると必ず反対になるよ」とお釈迦様はおっしゃいますが本当です。なぜかというと、希望する心がおかしいのですから。

好かれようと思うことはよくありません。「好かれたい」と思う瞬間、他の生命をバカにしているのです。相手を尊重しないで、自分の都合のいいように動かせる道具のように思っているでしょう。生命をバカにして好かれるわけがないでしょう。

143 好かれたいと思わず自然に

「好かれたい」と自分で勝手な計画を立てて生きていても、誰にもその人の台本はわかりません。「私の台本通りに世界が動いてくれ」というのは成り立ちません。ですから、風鈴のように、そのときそのときの反応で充分です。自分で台本を書くと生きづらいし不自然です。心が何もない、空の状態だったら一番ありがたいのです。

そのときの風に合わせて、ただ音が出ただけ。我々の人間の関係の場合でも、その人その人の「自分」という風鈴が、適切に音を立てればよろしいのです。

144 おもてなしの真髄

正しいおもてなしとは、何なのでしょう？　お互い挨拶が終わったとたんに、もう「他人同士」という感覚が消えている。いかに仲よく打ち解けているか。――そこがおもてなしの真髄です。

相手のことを「自分の家族の一員だ」と思っているならば、それはもう完璧なおもてなしができています。「お客さん」という気持ちがずーっと消えない場合は不充分です。

訪れるほうでも、もちろん礼儀作法を守る必要はありません。たとえば、私が訪ねていって、五分、十分も経たないうちに、みんなでわいわい仲よくなって、家族の一員になれたなら、家の人はきっちりおもてなしをしたことになります。そのとき、訪れた私も調子にのってはいけないのです。それは訪れた側の責任、客の仕事です。

ともかく、正しい理想的なおもてなしは、「お互いの壁が消えること」です。

145 笑って誰とでも仲よくする

親は子どもを育てなくてはならない。子どもはよい親を育てなくてはならない。先生は生徒をよい人間になるように育てなくてはならない。生徒たちは先生をよい人間になるように育てなくてはならない。

相手が先にやってくれるまで待っていてはならないのです。自分が先手をとったほうが結果は早いでしょう。一言で言えば、「誰とでも仲よくする人間になればいい」ということです。人が笑うまで待つのではなくて、先に笑ってあげる人になるのです。

146 「みんな仲よし」な人生を

敵をつくってしまう人は生きるのが下手なのです。AさんとBさんが、お互いがみ合っているなら、二人とも大失敗です。

けんかにしても、けんかする人同士が、その後でものすごく仲よくなるならかまいません。友達を蹴ったりする場合でも、蹴ったことで友達が楽しくなったりして自分も蹴り返して、それで遊んで仲よくなるというならいいのです。

大切なのは、人生の目的をしっかり覚えて、ポイントをはずさないことです。人生の目的は「みんな仲よくなる」ことです。

147 男女が通じ合えない理由

男でも女でも「自分」「自我」という膜を通して会話していますから、折り合いません。

その上、思考と感情を一つに編みこんでしまったら、もうお手上げです。思考は思考で、感情は感情でというふうに、別々にしておくならいいのです。男でも女でも話は通じやすくなります。

148 ラベルを貼って見てしまう癖

私たちは、心で勝手に思ったことを、その相手に貼ります。貼ったらそのラベルしか見えません。自分にとっては便利なのです。「相手の性格を正しく理解する」というう難しいことをやめて、自分の独断で相手に固定した人格を強引に押しつけるのです。

人を勝手に判断してラベルを貼ってはいけないというのは、道徳です。その都度その都度、性格が変わる、対応が変わる、感情が変わる、それが人間です。そこに固定したイメージをつくることはできないのです。「無常」の真理です。

149 性格の合う・合わないを認める

性格が合わない存在があることを認めましょう。無理に合わせなくてもいい、いじめや差別だけはやめなさい、ということなのです。ある人のことを気に入らないのは理屈ではなく気持ちだけのことですから、それはそっとしておくしかありません。

我々坊主たちは「こいつのこと、嫌いだ」という気持ちが出てきたら、「お前は坊主でしょう？　生命を平等に見るべき仕事ではないか。誰かを嫌うなんて、嫌いだと思う自分がみっともないんだ」と自分に言います。それから、「相手は一生懸命頑張っている、我が身を一番かわいいと思っている生命ではないか」と観察して、自分を強く戒《いまし》めます。そうすると、嫌な気持ちが消えてしまいます。面白いことに、自分の「嫌い」な気持ちが消えたとたん、以前は嫌いだった人が、ぴったり気の合う仲間になってしまうのです。お互い気に入られるように頑張るからです。はじめから嫌いなやつだから、こちらも向こうも気に入られるように努力する。そうやって一つずつ、はめていくのです。

本当はどんな生命でも平等に見られることが一番クールで、格好いいことなのです。

150 勝手な思いを押し付けてはいけない

たとえば奥さんが「旦那はこうあるべき」と思う場合、それは旦那さんの人生を管理することになります。旦那さんにしてみれば、自分は大人だし、気楽に楽しんで生活したいから奥さんと一緒になったわけですが、奥さんの思惑で自分が管理されてしまう。それではまるで母親に管理されているようで、嫌で嫌で、独り立ちしたくなってしまうのです。

自分の思い通りに動いてくれと思う、それは絶対に人間がやってはいけないことなのです。

151 合わない人とは付き合わない

どうしても性格が折り合わない人とは、付き合わなくていいのです。「世の中にいる人間は皆、仲よく付き合わなくてはいけない」などという法則はありません。自分が合う人々と付き合えばいいのです。

人格を向上させるために、気に入らない環境でも努力しなさいとは言いますが、八方美人は不自然な生き方です。

ブッダも自分の性格に合わない人、自分の質を下げるような人々とは、関係をきれいに切って離れなさいと言っています。切る能力も必要です。

152 わがままを直すべき

すべての生命は自分のことしか考えていません。いいとか悪いとかいうことではなく、自分のことしか知りません。人のことは知りません。自分の主観でものごとを見ているのです。自分の主観、自分の判断で行動すると、他人に迷惑をかけることが多々あります。他人に迷惑をかけると人間関係が壊れ、結局は自分のためになりません。自分の判断で、人のためにしたこと、親切のつもりでしたことが、相手にとってはとても気分の悪いことだったというのはよくあることです。結果は最悪です。

人はよく「思うようにいかない」と言います。「子どもが言うことを聞いてくれない」と言います。先生は「生徒が言うことを聞いてくれない」と言います。「子どものためを思って言っているのに」と言うのです。「子どものため」「部下のため」「友達のため」「同僚のため」……相手のためにと、自分がした判断が、相手の気持ちとずれているのです。

自分の主観でものごとを見る癖を少しでも修正しなければ、確実に悪い結果につながります。「わがまま」の心をちょっと直さなければなりません。

153 自分にやさしく、人にもやさしく

たとえば、自分はお腹がすいているとします。一緒にいる人もお腹がすいているとします。

そのとき、「私の持ってきた弁当を、あなたが食べてください」と言うのは本心でしょうか？　もしそう言ったとしても、心に何か残ってしまうのではありませんか？

そのときは正直になって、「私が持ってきたお弁当だし、自分で食べたいんだけど、とりあえず一つしかないから、二人で分けて食べましょう」と言えばよいのです。自分にもやさしく、人にもやさしく。

154 企業の成長の鍵は人間関係にある

どう人と接するか、どう人を扱うか、そのやり方で企業の成功は決まります。上に立つ人は、どうすれば信頼されるか、リーダーとして認めてもらえるのか、命令をありがたく聞いてもらえるのか、ということを基準に行動することが求められます。

「社長に言われたから……」と、嫌々ながらでは、よい関係とはいえません。社長からの依頼を宝物のように感じて「きちんとやらなくては」という気分になる場合は、ものすごくよい関係が築けています。その会社は、倒産するはずがありません。

155 自由と人間関係

「自由」という、変であやしい単語を我々はつくり、「皆と仲良く、自由に生きてみようではないか」などと、平気で言います。

もし、本当に自由ならば、誰にも迷惑をかけずに、一人で生活をしているでしょう。

そういう人々のことを、人は「あやしい人」「暗い人」だと言ったりするのです。自由を獲得しようとする人のことを「暗い」、「あの人のことはあまりよくわからない」などと、いろいろなことを言うのです。こういった人々は、自由というものがまるでわかっていない、ということです。

俗世間で理想的な生き方だと思われているのは、多くの人々と関係を結び、知り合いがたくさんできる生き方です。しかし、これは本当にひどい依存です。

この生き方には自由がありません。一人の友達ができただけでも、ある程度自由がなくなるのに、百人もいれば、自由でいられるわけがありません。お正月が近づいてくると、年賀状を出さなくてはいけません。その相手が百人も二百人もいたら、どうなるのでしょうか。

156 観察し、感情を生まないようにする

ときには、人に叱られることもあるでしょう。たまには、悪口を言われることもあります。そんなとき、人はとても怒ります。親しい人同士というのはけんかをするものです。

同僚、夫婦、親子などは、いらだってけんかばかりしています。そんなとき、相手が言うことに対して「音」、「音」と、念じるのです。自分の心を汚すのは、ただの「音」です。「音」があることは事実です。だから、「音」、「音」と念じると、感情の世界は生まれなくなって、そこに消えてしまいます。そうやって心の中はきれいな「空」の状態をつくります。

見たらそこで止まります。聞いたらそこで止まります。香りを嗅いだらそこで止まります。「何の香りだろう」とか、「最初の恋人もその香水をつけていたなぁ」など、そういうふうに妄想すると心の中は汚れて、汚れて、いろいろな嵐が生まれてきます。事実で止めて、感情を生まないようにするのです。

157 笑いは大事

相手が一方的に怒りだしたら、こちらはちょっと笑ったり、冗談を言ったりして、その場を明るくします。そうすると、相手の心がきれいに、清らかになっていきます。自分の心も汚れません。もちろん、時と場合にもよりますけれど。

よく笑うと、免疫作用も活性化されますし、顔色もよくなるし、人からも愛されて幸福になります。笑うことは大切なのです。

158 ユーモアある話術で話す意義

ちょっとキツい話を人に伝えるとき、どのような態度で話したらよいでしょうか。しかめっ面で厳しい言葉で言うよりは、穏やかに笑いながら相手が聞きたくなる話術で、また簡単に覚えられるように工夫して話したほうがよいに決まっています。

怒ってものを話すより、笑って話すことで誰でも耳を傾けるものです。お釈迦様の説かれた教えは、ほとんど明るいユーモアであふれているのです。

159 言われたことを気にしない

世の中で、人は、本当に「語っている」と言えるのでしょうか。答えは「否」です。

よく見てみてください。たいがいは、口から精神的なストレスを発散させているだけです。ですから、「この人はああ言った、こう言った」「なんでこんなことを言うのだ、けしからん！」と目くじらを立てて怒る必要は、まったくありません。「ただ感情を口から出しているだけなのだな」と理解して、放っておけばよいのです。

160 言葉に気をつけて話す

「口は災いのもと」ということわざがあります。それはその通りで、確かに正しいのですが、私は「耳は災いのもと」と言いたいです。世の中の人がしゃべることは、自分の感情を表現しているだけです。それをまともに聞くからトラブルになります。多くの人は、言葉を聞くと、そのまま受けとめてすぐに傷ついてしまうのです。

だから、しゃべるときは、自分の言葉に気をつける必要があります。明るい人は、しゃべるときに「自分は言葉をちゃんと操縦しよう」とします。

161 慈しみは魔法の鍵

「生きとし生けるものが幸せでありますように」

これを念じるのです。忘れないように、呪文のように繰り返し繰り返し、唱えます。声に出してもいいですし、心の中で繰り返してもいいです。「呪文のように」と言いましたが、この言葉は実際は呪文ではなく、これを繰り返し念じていくと、理論的に効果があります。原始の獣の脳がちょっと変わるのです。「私だけではなくて、すべての生命も生きたがっているのだ」という気持ちに、心が変わるのです。そうすると敵・味方が消えます。

そういうわけで、これが仏教のアドバイスです。朝晩、「生きとし生けるものが幸せでありますように」と念じる。計画はすべてゴミ箱に入れる。台本をぜんぶ捨てる。捨ててそのまま気楽に生きてみる。好かれようが好かれまいがどうでもいいのです。人間関係には一切問題は起きません。

162 親のマインドコントロールは悪くない

親を素直に信頼しない人間は、社会でむちゃくちゃマインドコントロールされます。特に反社会活動には簡単に利用されます。

親を信頼する人々は、社会でマインドコントロールされて操られても、犯罪を起こすまでにはいかないのです。親のしつけを忘れられないのです。

163 子育ての心構え

子どもを産んだ母親は、「私はこの子をどうやって育てるべきか」とマニュアル本を読むのではなくて、それより先に「この人間とこれからずっと仲良くしよう」と決めることが一番大事です。生命との関係は、死ぬまで続くものでしょう。そこで、私たちが「子どもへの執着を捨てなさい」と言うと、何か悪いことを言っていると勘違いされたり、中には自分が独りぼっちになるのではないかと怖がる人もいます。でも、最初から執着を捨てて子どもを育てれば、子どもからは一生感謝されます。

164 子を自分の思い通りにするのは法律違反

母親が執着して子どもを育てるということは、恐ろしい罪を犯すことにほかなりません。いわゆる個人の人権を侵害しています。人間はみんな独立しているのですから。

子どもは一瞬たりともけっして、自分を母親の所有物と思うことはありません。なのに母親が勝手にそう思ってあれこれ言うと、子どもはそこまで知識がないからわかっていないだけで、実はすごく人権侵害されていると感じます。人権侵害、つまり生命の尊厳を侵害されているということは、どんな生命ものすごく敏感に感じるのです。

犬や猫も、人間が怒ったってへっちゃらですが、尊厳を侵害されるとすごく嫌になって、落ち込みます。もう人間を相手にしてくれなくなるのです。ですから「私の息子、私の娘」と思って執着したら、その娘や息子の命はどうなるのか、ということです。初めから執着は成り立たないのです。他人はけっして自分のものにはならないし、そう思うことは生命の法律違反です。

165 ユーモアのある言い方・暮らし方を

感情的になって子どもに「こら！」と言ってしまいますが、それはアウトです。子どもの脳は成長しません。脳は楽しいとき成長するものです。嫌な気分になったら脳が萎縮します。皆、子どもが嫌な気分になって脳が萎縮することを気にしないで叱りますが、脳が萎縮しないように楽しみを、ユーモアを入れたほうがよいのです。

子育てに限らず、人生全体にユーモアを入れて生活すれば、うまくいくと思います。短い人生を神経質にならないで、気楽に楽しく生きることです。

166 育児書はいらない

育て方とか抱き方とか、あまり本で勉強してしまうと、現実から離れてしまいます。

子どもの抱き方はそれぞれの子によって違っていて、決まった抱き方はありません。子どもは母親を幾人も知っているわけではなくて、産んだ人しか知りませんから、その人の抱き方が正しいと思います。ですから本はいりません。

自分が産んだ子だから自分の抱き方が一番正しいのです。

167 障害のある子が産まれたら、という心配は無用

我々は、宇宙の法則を自分の好き勝手に変えることはできません。私の人生はこうであるべきです、私に生まれてくる子どもはこうであるべきです、障害のある子など産まれるはずがありません、などと考えているのは傲慢《ごうまん》すぎ、ということでしょう。そんなに傲慢に思うならば、「冬は寒いから春のようになってほしい。夏は暑すぎるから秋のようになってほしい」となぜ思わないのですか？

しかし我々は、冬に文句を言うのではなく、冬に耐えられるように適応する。夏に文句を言うのではなく、夏に耐えられるように適応する。障害をもつ子が生まれたら、自分に、他人に、文句を言うのではなく、適応するのです。適応しようと決めてしまえば、自分には不可思議なほど能力が隠れていたことが発見できます。結果として「この子が私の子に生まれてくれてよかった」と必ず思うでしょう。

168 教えるべき正しい生き方は「貢献する生き方」

「私は何をすればいいのか」「自分はどんな仕事に向いているのか」、これは現代人、特に若い人によくある悩みです。たとえば、高校を決めるとき、大学を決めるとき、仕事を決めるときなどにどうしたらいいかを悩むぶんには大きな問題にはなりません。それぞれの時期に二週間くらい悩めばいいのです。そうではなくダラダラといつまでも悩み続けるのなら、これはかなり問題です。いったいなぜ、そうなってしまうかというと、小学生の時期に親や先生たちが、正しい生き方とは貢献する生き方だ、という道徳を教えていないからです。

大きくなったら社会に貢献しようと思った子どもは、将来どんな仕事をしようかと自然に考えます。五、六歳のとき、一緒に遊びながらお母さんが、「お父さんの車よりもっとカッコいい車に乗りたいんだ。大人になったら買ってくれる?」などと言うと、子どもは小さいなりに、「よし！　お母さんにカッコいい車を買ってあげるぞ」と張り切るものです。そんなふうに、遊びながら、大人になることの意味を教えなくてはいけません。それが子どもたちへの、「立派な人間になってほしい」という正しい期待でもあります。

169 社会貢献のポイントは「正しい相互依存」

我々大人が、子どもたちに教えてあげるべきことは、「あなたは自分の幸福のために、何を他人に与えているのか」ということです。この「自分の幸福のために」という言い方が必要です。これが、相互依存ということです。我々は子どもたちや若者に対して、社会に貢献をするいろいろな方法、貢献する技術を教えるべきです。幼いときから社会の役に立つ人間になるようにと、そればかりを呪文のごとく言いながら、しつけをしなくてはいけません。

ただ単に「あなたは他人様《ひと》に何をしてあげているのですか?」と聞いても、あまり言葉に力がありません。「なぜ、何かをしてあげなくてはいけないの?」ということになるからです。たとえば、「君が勉強をするのは、いい仕事を見つけて金儲けをするためだけではない。勉強をすれば君もいい仕事に就き、金を儲けて幸せにもなる。そして、同時に君も社会に何か貢献をしていることになります」と、このように言えば、子どもは「勉強は嫌だ」とは言えなくなります。勉強をサボることは罪だからです。

このことを理解した子どもは、一方的に母体に寄生することはできなくなります。

170 子育ては人格改良のチャンスでもある

自己中心的で、わがまま好き勝手で、他人に対して何の思いやりもない人間にとっては、子どもが生まれることは革命的な出来事です。人格が変わるのです。自我が薄くなるのです。慈しみ、思いやり、やさしさなどの性格が表れるのです。この点では、心の成長です。

しかし、愛の代わりに愛着が生まれると、子どもが自分の所有物だと勘違いすると、子育ては人格改良の点でも裏目に出てしまいます。

171 子どもの美しい生き方

子どもにとって理想的なのは、ぶらぶら寄り道をしながら、遊びながら、ふざけながら、ゆっくり帰るようなスタイルです。

子どもたちが当然知っている、学校から家までの道を、自分の考えでいろいろ遊んで帰るのです。学校から出たら、グループで走っていって、公園で遊んだりします。そのうち、またほかのグループがあると、そっちでも遊んで、母親が怒るギリギリのところで家に帰るのです。そういうのが、子どもの美しい生き方です。

172 どう生きるべきか、真剣に学ぶべき

教育とは生き方を教えることです。だから、お箸のもち方や、ご飯をこぼさないようにすることや、「いただきます」「ごちそうさま」と言うことを、親が教育をしているのです。それは生き方を教えていることです。

学校にあがってからも、教えるべきなのは「生き方」です。ずーっと死ぬまで、どのように生きるべきかと教えるべきです。人生のある時期は結婚する、ある時期は子育てをする、ある時期はほかの何かをする。人生はプロセスだから、無停止だから、ダイナミズムだから、過ぎた一日は戻ってこないのです。我々は一日しか生きていない。次の日は別の人間でしょう。ですから、その日その日でどんな生き方をするかを教えるべきなのに、現状は、西洋流の仕事をするロボットをつくる教育になっています。

173 子が自立する育て方を

家族はいくらけんかしても心は通じ合っているから、社会では強いのです。しかし、自立するときはそれでは駄目です。親の責任というのは自立させることであって、それこそが愛情なのです。「うちの子はもう手がかかりません、一人で勝手にやっていますよ」と、自立して離れていることを自慢するくらいがいいのです。

歩き出すころから頑張らないと駄目だと思います。お母さんがまだ小さい子どもに「一人でできるでしょ？」と言いますね。あれはすばらしい言葉です。本当はまだ一人でできないことでも、子どもは「もう一人でできるんだぞ」と思えます。

親も子どもも自立していくことを喜んだほうがいいのです。そうすれば親にも負担はないし、子どもが親のことをうるさく思うこともなくなって、お互いによく褒めあえる存在になれます。

174 子どもに先立たれたら、一番の供養は善行

初期仏教では、日本の仏教と違って、遺族が自分で立派な人間になって、しっかりと人々を助けて生きなければ供養にならないのです。ですから、子どもに先立たれ、死んだその子をすごく心配に思うなら、人々を助けたり社会に貢献したりして善いことをして生きること。そうすればその衝動になったのは我が子の死ですから、子どもの供養にもなるという考えです。

一人ひとりが独立している生命ですから、子どもは子どもの業を持っているし、親は親の業を持っています。子どもに長寿になる業がなかったり、親のほうに子に老後の面倒を見てもらって、この世を去る業がなかったら、子どもに先に死なれるのです。納得したくない話かもしれませんが、それが仏教の業です。要するに、親しい人に死なれたところで、泣き崩れても意味がない、ということです。何ができるかというと、たくさん善行為をして、亡くなられた人に廻向《えこう》する。それで自分もたくさん善行為をするから、自分も幸福になる。悪業のせいで悲しむはめになったならば、善行為をしてしまえばよいということです。

175 親孝行とは何か

親孝行というのは、親を喜ばせて自分を満足させるためにあるものではありません。自分のすべては借り物であり、何者でもない。周囲の人に支えられて生きてきたのだ――そういうことを自覚するために恩返しをするのです。

親に喜んでもらって、自分も嬉しくなるために親孝行していては駄目です。自分の人格を直すために、自分が善い人間になるためにやらなくてはいけないのです。自分が嬉しくなるための親孝行なら、結局一生をかけて親孝行をしても、人格者にはなれません。

親を喜ばせたくて親孝行をする人は、自分が欲にだまされているのです。自分が本当に善い人間で、親のために尽くしていると思い込んでいます。親の財産なんていらないと言って、親が亡くなると財産をぜんぶ寄付したりもしますが、そこまでやる場合でも、欲にだまされているることがあるのです。

176 親孝行の一言

親というのはおかしなもので、ただ「お母さん、お父さんのことが世界一好きですよ」と子どもが言うだけで、充分なのです。散々苦労をかけられた子どもでも、その一言でぜんぶの苦労を帳消しにしてしまうのです。

177 親孝行の気持ちをもつには

子どもたちは自分の両親を見ないのです。頭の中に、力強い母親、力強い父親というイメージを抱くのです。

ぜひ、イメージではなく実際に生きている生《なま》の父親・母親を見てほしいのです。いかに弱くなっていくかがわかります。自分が小さいとき、あれほど力強かった父親が、今はもう自分にも抱き上げられるくらい縮んでしまったではないか、ということを感じると、本当の親孝行の気持ちが生まれてきます。

178 母の前では子どもで甘える親孝行

我々は世間で何者であっても、どんなに偉くなっても、母親の前では子どもです。それが親孝行ということなのです。

ですから、素直に母親の前ではしっかり子どもに戻りましょう。甘えたりするのが一番いいのです。お母様は大変かもしれませんけど、それで母親は精神的に元気になります。明るくなります。

最後まで親を悩まさず、明るく生きてもらうことが親孝行だと思います。

179 親孝行は後回しにできない

人は親を「老いるわけじゃない、病気になるわけじゃない、死ぬわけじゃない」と思って、親のことを無視して生活する。しかしわが親も無常なのです。病気で倒れたり、老いて寝たきりになったり、また亡くなってしまったりすると悲しむのです。何もしてあげられなかった、親孝行できなかったと、悩むのです。

真理として心の底から「諸行無常」であることを知っている人に限って親孝行は後回しにできるものではないのです。親の面倒をみます。

180 「人生の成功」はあくまで結果

成功の流れを観念的にみれば、「人生そのものが成功する」と言うことができます。しかし、あまり「人生を成功させよう」などと思わないでください。そのような考えは余計なものです。成り立たない妄想です。今の瞬間を成功すればいいのです。それで話は終わり。「どこまで行けば成功でしょうか?」と考えることは、非論理的です。

過去も未来もすべて忘れて、今だけ、失敗しないようにする。観念的に言えば、それが人生の成功ということです。

181 成功する人生のつくり方

何かをやって少しでも成功すると楽しいものです。ですから、日々、成功するための計画を立てて生きればよいのです。

「十年後に成功するぞ」と思って計画を立てると苦しいので、計画の長さは、十分ぐらいで充分です。「この十分で、やることは、精一杯やって成功するんだ」というくらいがちょうどいいのです。そうすれば、成功するたびに喜びや幸福感を覚えられます。そうした小さな計画のユニットをつなげて、自分の人生にするのです。

182 成果を短期間でみるようにする

「結果を出せ」と言われて、会社の研究者が研究して、半年経っても手ごたえのある結果が出ないと嫌な気持ちになります。やり切れなくなってストレスも溜まります。

そうではなくて、今日一日の研究はうまくいったかと考えるのです。今日はけっこう頑張りました、次の日も頑張りました、ということを続ければ、ちゃんと結果が出るのです。

183 「今を生きる」人生は大成功

今、やるべきことをやってみると、それが大成功なのだということです。失敗で終わることはありません。

たとえ失敗しても、次の瞬間にそれを直せるのです。

ですから、瞬間瞬間、行うべきことを怠ることなく行うならば、「失敗した」と悩むことは消えてしまいます。それが成功を収める生き方です。

184 自信がありすぎると失敗する

結婚式でスピーチを頼まれたとします。自信がありすぎの人は、「よし、抜群のスピーチをしてやろう」と思って、頭の中であれこれと、できる限りの妄想をしてしまうのです。それで当日は三十分もしゃべったりして、ひんしゅくを買います。しかも、そういう人に限って、いいことは何もしゃべっていない。本人も、心臓がドキドキするわ、汗が出るわ、膝が揺れるわ、もうひどい気分なのです。妄想の中の自分を過大に評価していることが原因です。

逆に、自信のない人のほうが抜群にいいスピーチができたりします。そういう人は「どうせ私は口べたで大したスピーチなんてできないから、一分ぐらい何かしゃべって早く逃げよう」と思います。でもその一分でしゃべることは、必要なことがぴったりと収まった、すごくきれいでいい言葉になります。「私は口べたなのであまり長い時間しゃべれませんが、とにかく本当におめでとうございます。お幸せに。ありがとうございます」という感じで、すぐ終わってしまう。でも、こちらのほうがみんなには大受けなのです。たったこれだけのことができないのは、自信がありすぎるせいなのです。

185 希望が大きいと怒りやすくなる

「仕事が苦しいのは当たり前」と考える人は、キツい仕事に対してもそんなに怒らないでしょう。しかし、「赤ちゃんはかわいくて言うことをきくもの」とか「仕事って楽で、楽ちんに生きられるのが当然だ」と思っていたら、それは期待する「楽」のレベルが高すぎますから、当然、現実との隔たりが大きくなります。「苦」を感じる赤いラインをすぐに越えてしまいます。そして、怒って失敗します。子育てにしても勉強にしても、「希望」が大きければ大きいほど、怒って失敗しやすくなるのです。

186 きれいな世界で勝利の人生を

世界をより楽しい世界に変えることが我々一人ひとりの仕事です。一方で、戦争を引き起こして殺し合いばかりやってしまう汚い世界をつくることも我々次第です。汚い世界、殺し合う世界は嫌でしょう？ きれいな世界、楽しく遊べる世界がいいでしょうね。

自分次第で世界が変わり、それでこそ自分の人生は自分の好きなように生きられるのだとしっかり理解しましょう。自分の人生を自分がしっかり運転すれば、必ず人生が大成功して勝利の旗を立てられるのです。

187 「後でやります」というのは罠

私たちはいつでも心の中で、「これは後でやります」と今やるべきことを後回しにします。そして今の時間は、妄想するのです。

しかし、次の時間・次の瞬間には、別なことをしなくてはなりません。「後でやります」と思っても、後にはまた別な仕事があるのです。いつでも、次から次へと仕事があります。今の仕事をしないままで後回しにしても、次の瞬間には別の仕事が現れるのです。同じ時間で仕事が二つになったのです。では、その瞬間に二つできるかというと、できません。できる仕事は一つだけ。その瞬間も仕事を後回しにすれば、次の瞬間には仕事が三つになるのです。しかし、できるのは一つだけなのです。その人が、前の瞬間でやらなかったことと、今やるべきことと、仕事が二つあります。しかし、できるのは一つの仕事だけ。「やれ、忙しい」と思う。悩む。それで人生は失敗してしまいます。

「忙しい」というのは錯覚です。「忙しい」と思うのは、いくつかの仕事をさぼったからなのです。さぼったものは、もう再生できません。

188 優先第一は「今できること」

仕事に優先順位をつける。一番大事なことを、今、行う。その結果、三番目のことができなくなったとしても、それは構いません。

たとえば、私が書き上げるべき本が、今の時点で三冊あったとしましょう。その場合、私は、「一番先につくる企画はどれですか？」と確認し、締め切りが早いものを片付けてから、力が残っていて時間も余裕があるならば、次の本に取り掛かることにします。

それで結局、次の本には取り掛かれなかったとして、私は仕事をサボったことになりますか？　楽しいことを今やって、大事なことを後回しにしたことになりますか？　そうではありませんね。

一つの時間で一個の仕事しかできません。三つの仕事を持ってこられても、できるのは一個だけです。それならば、優先順位で決めるのです。三冊の本のタイトルを聞いて「この本が面白そうだから、これから始めましょう」とはしません。いくら面白くなくても、優先順位が高ければ、その仕事をする。そのように優先順位を付けることは「怠け」には入りません。

189 精一杯やればいいだけ

「私はこういう仕事をしなくてはいけない」「今日は、私が料理をつくらなくてはいけない」というのは、自分へのチャレンジです。それは別に、誰かに褒められたいというのではありません。そうではなくて、「怠けて中途半端にやるということはしたくない。やることは、精一杯しっかりやりたい」という態度なのです。

料理でいえば、「みんなにおいしく食べてもらえるように、一つも文句を言われないものをつくろう」と真剣にやることです。

ある面では負けず嫌いの性格なのですが、負けたくない相手は他人ではなく自分だから、これはいいのです。

覚えておいてください。人間は、自分がやるべきことをきちんと精一杯やれば、それでいいのです。他人との勝ち負けなど、一切考える必要はありません。

190 状況に合わせて調整して生きる

やりたいことが明確なら、やるべきことが見えるでしょう。結婚して家族を持ちたいなら、目標を定めて、毎日の仕事をするしかありません。

「仕事を休みたい。ワンパターンな毎日は嫌だ」という人もいるでしょう。けれども、それは一時的な感情で、先を考えていません。今現在の状況が一定しているのであれば、感情的な生き方も成り立つかもしれません。しかし、社会の状況は刻々と変わります。我々はそれに合わせて生き方を調整しなくてはいけないのです。

191 行為は正直に

もらえるお金が少ないから仕事の手を抜くというのは、とんでもないことです。お金がもらえなくても、与えられた仕事は、プライドを持ってしっかりやるべきです。手抜きは、自分の人生の汚点となり、自分が損したことになります。

相手が認めようが認めまいが、ご褒美をもらおうがもらうまいが、「やらなくては！」という気持ちでやることが大切です。自分の能力をぜんぶ使って精一杯やることは「行為に正直」という、立派なことなのです。

192 完璧主義になるな

完全主義、完璧主義という病気を、まず心から追い出してください。

完璧にするのではなくて、自分にできる範囲で精一杯頑張ること。それを誰かに非難されても別に気にする必要はありません。

男性の場合であれば、自分が精一杯仕事をしていれば、上司に文句を言われても気にしなくていいのです。上司に「君、ここがちょっと駄目じゃないか」と叱られたら、胃が痛くなったりします。けれども胃を痛くする必要はありません。なぜかといえば、自分は精一杯したのだから、それはそれでいいのです。叱られたとしても「そうですか、すみませんでした」と言って終わりにしてください。頭のいい上司なら、この人は精一杯に頑張ったのだからそれで充分だと考えます。もしそれ以上の仕事をしてほしかったのなら、上司のほうでほかの部下に頼むべきだったのです。

これは、レベルの高いあきらめのような気持ちです。我々は、「人間は不完全である」という高度なあきらめのような心構えを持たなければいけないのです。

193 後悔しても、何の役にも立たない

後悔することを「格好いいこと」だと思っていませんか？ 後悔すれば他人は許してくれると思っているのではありませんか？ しかし事実は違います。他人から見れば、何の役にも立たない、ただの暗い人間です。

犯罪を起こした犯罪者が後悔するのを見て「よかった」と思う人は、憎しみにさいなまれ、苦しむ人です。

失敗したり、間違ったり、大規模な犯罪でなくとも罪を犯したときには、「私は愚かで、わがままで、自己主張が強くて、こんな悪いことをした」としっかり自分を見つめて、分析して、悪い部分を認めて、まわりの人にも言ったほうがよいのです。

そうすると、二度と同じあやまちを犯せなくなります。周りの人たちや社会も、良い人間になってよかったなあと、やさしく見守ってくれます。

194 集中力はありがたい

毎日やっている仕事や勉強を、「休みたい」「時にはさぼりたい」と思うこともあると思います。しかし、「集中力」さえあれば苦しいとは感じません。「集中力」は、とてもありがたいものです。

「集中力」があれば、仕事や勉強などが実に楽しくできて、ちゃんと時間内に、やるべきことは終わっています。心はいつも元気で、やる気に満ちています。頭もとても活発で、あれこれアイデアが湧き出します。そういう毎日です。実現したら、人生はとても有意義になります。

195 大事な勝利は人生の勝利

目先の試合の勝ち負けとか、試験の落第とか、そういうことではなくて、大事なのは「人生の勝利」「人生の成功」です。大成功する秘密は本当にシンプルです。「敵をつくらないこと」。それだけ。「どんな嫌な人であっても味方にしてやるぞ！　仲よくしてやるぞ！」と挑戦する。それが我々の仕事であり、皆さんの仕事なのです。

そして、世界を敵に回すか、味方に回すかということは、「自分次第」ということなのです。

196 緊張感があると活発に生きられる

若者たちが、「定職がなくても問題なく、楽しく生活していける」と安心してしまうのはとても危険です。社会が刻々と変わるだけではありません。自分の人生も日々歳をとって変わっていくのです。ですから、歳によって自分の人生そのものも変えていかなくてはいけないのです。

なんとなく生きることは、とても危険です。毎日食べ物を確保するために野生の動物たちと戦っていた原始時代の状況から、今の時代はすっかり解放されていると思ってはなりません。社会が変わる。人が歳をとっていく。この二つの変化の流れに、現代人も必死で戦わなくてはならないのです。その能力があるならば「適者」なのです。人生に対しては、緊張感があったほうがいいのではないかと思います。緊張感があると、活発に生きられるのです。

197 安全なアイデンティティの作り方

我々は、もっと柔軟性を持って生きるべきです。自分の道を決めても、成功するかどうかは自分の努力だけでなく、いろいろな要素で決まります。そのことを理解して、現実に対応する、それが柔軟性です。

自我意識というアイデンティティをつくるのはいいのですが、気をつけないとすぐに凝り固まってしまいます。あまりにもエゴイストになってしまうと、すぐ自分がポッキリと折れてしまいます。柔軟性のあるアイデンティティを意識してつくらなくてはいけないのです。

198 柔軟な心が喜びを与える

現実離れした基準や目的はつくらないことです。仕事や勉強をする喜びを味わう。子育てをして、生きていてよかったと思う。そんな自由な心と、毎日生きる喜びを味わってほしいのです。それが本当の人生です。

頑張ることはいいのですが、ガツガツ、ガリガリではだめです。心はあくまでも自由でありながら、思う存分頑張ろうと思う、そんな気持ちでいることです。目的というのはストレスや緊張のきっかけになりますが、そんな状態でまともな仕事や勉強はできないでしょう?

199「精一杯やった」という結果を目指す

我々は自分に悔いがないように、できることをすればいいのです。実現できるかどうかわからない目標ではなくて、目の前の仕事を大切にしてください。

もちろん、結果は自分だけで決まるものではありませんが、どんな結果になっても「自分は精一杯やった」と心から言える、そんな状態を目指すといいのです。

200 向いていることとは

自分にとってとても気楽に、目を半分つぶったってできること、ほとんど失敗しないことをやればいいのです。

「やらなくちゃ！」というストレスがかからないことをするのです。「ああ、この程度のことですか？　いいですよ。いくらでもやります」というようなことをやればいいのです。

それが自分に向いている仕事なのです。

201 行動の良し悪しの見極め方

「自分の役に立つ」「みんなの役に立つ」「生命の役に立つ」という、三つの基準があって、その三つの役に立つと思ったら、やりなさい。しかし、やっている途中でも本当に役に立つのか、考えなさいということです。そして、それをし終わったら本当に役に立ったのか、また考えなさいと、お釈迦様はおっしゃいます。

それで完璧に語ってしまっています。やる前は推測ですから「役に立つだろう」と思ってやったりする。やっている途中で役に立つか立たないかわかるのですね。もし役に立たなかったらすぐ止められますから、損が少なく終われます。そしてやっている間に役に立つだろうと思っていても、やり終わってから本当の結果が見えます。ですから、終わってから「役に立ったのか」と考えてそうでなかったら、二度とやらない。

考えるときでも、しゃべるときでも、行動するときでも、そういうシステムでやりなさい。これが完全な道徳システムです。

202 アイデアが生き延びる秘訣

仏教的な答えは、「いつだって新しいアイデアが生き延びる秘訣」です。

古いアイデア、保守的なアイデアでは自然に死滅していきます。生き延びたければ常に新しいアイデアを作る必要があるのです。

世界は常に変わるのですから、それに合わせていくのです。

203 大事なのは行動

勉強したい、合格したい、仕事が上達したい、昇進したい、などなどの夢だけは頭にいっぱいあります。しかし、実際に思い通りに人生で成功する人の数はかなり少ないです。

気持ちだけで、希望だけで、夢をみるだけで、ものごとがうまくいかないことは言うまでもありません。

必要なのは夢で頭がふくらむことではなく、たとえ小さな目的であってもそれに向かって歩むことです。行動力です。実行力です。

第４章

命を理解し、老病死を恐れずに生きる

心と体

命を理解する

老いと死

204 食べ過ぎないことも肝心

体にふさわしい食べ物であっても、食べすぎることはよくありません。「お腹いっぱい食べることはやめなさい」と仏教ではきちんと教えています。「半分くらいでやめなさい。ご飯の後で水を飲んでもまだ少し食べられるというくらいでやめなさい」と言っているのです。

おいしいからといってなんでもかんでも食べるのではなくて、体を維持するために適当に食べて、いつでもお腹の状態を休めるようにする。そのようにしていれば、我々は健康的な体を保つことができます。

205 現実的に対処しましょう

いくらきちんと食べていても、明るい心でいても、インフルエンザのウイルスが体に入ることはあります。交通事故に遭うこともあります。

そのときはきちんとお医者さんのところに行って、治療をしてもらえばいい。お祈りをしたり、逆に神様を恨んだりしても、時間を無駄にして、病気が悪化するばかりです。

さっさと病院に行ってお医者さんに診てもらってください。

206 ストレス社会に負けない心に

日本ではストレスは絶対になくなりません。赤ちゃんまでストレスがたまっています。生まれてから死ぬまで、ずっとストレスだらけです。ですから健康法や呪文で病気を治す商売の人々は、どんどん儲かっていきます。そういう商売をしている人たちは、いくら自分が「神通力」や「超能力」で病気を治したとしても、人はまたすぐに病気になるということを知っているのです。病気になったら自分をまた頼ってくるから商売には困らない、お金は儲かるばかりだということを知っています。

我々に本当に必要なことは体の病気を治すことではなく、心を治すことです。ですから私は、「体の病気を治そうとするのは無意味ですよ、病気のことは忘れてください」と書いたのです。

体ではなく心の問題を見てください、心の病気を治してくださいと言いたいのです。心を治してしまえば、自然に体も健康になってしまいます。大切なのは心を治すことです。

207 心こそ守るべき

一番強くて偉いのに、一番弱い。我々の心は、そういうものです。心は、人間のすべてをコントロールして命令を出しているのに、ほんのわずかなことで壊れてしまいます。ものすごく丁寧に気をつけて守ってあげないと、生きることは苦しくなるばかりで、いずれは生きていられなくなります。

ですから、我々は体よりも心を守るべきなのです。体を守ることは、それほど大事ではありません。

体というのはけっこう強いもので、暑さや寒さ、いろいろな攻撃に耐えられます。ただの物質ですから、たとえ傷ついても、自然の法則でどうにかなります。ケガをしても、放っておけば治りますね。細菌なんかが入った場合は時間がかかりますが、やがて治ります。

でも心は違います。そんなふうに簡単に、自然に治ってくれることはありません。ちょっとしたことで大変なダメージを受けて、粉々に壊れてしまうのです。

208 ポジティブな人がツイている理由

「これも嫌だ、あれも嫌だ」と思う人は、当然早く病気になるし、早死にします。その毒は誰がつくるのかというと、その人自身です。心の中で、脳細胞の中で、できあがります。

反対に、明るく、大変充実した気持ちで、楽しく、「あー、よかった、よかった」という感じで活動すると、まったく反対の性質のホルモンが出てきます。それには体を守る、維持する、治す、というすごい力があります。どんなウイルスが入っても、そういうウイルスに汚染されないで、自分の細胞をちゃんと守ってくれます。

ですから、どんな人でも病気にかかるわけではなくて、すごく明るく、ポジティブな思考をもっている人々は、ほとんど病気にかかりません。どこへ行っても、ものごとがうまくいきます。まわりからは「あの人、ツイてるなあ」と言われます。そのツキに人は嫉妬して自分の体の中に毒をつくります。しかし、その人は「ツイている」わけでも、神様から特別なお恵みにあずかっているわけでもありません。常に明るいから、ものごとがうまくいくだけの話です。くよくよと、いつまでも悩まないからなのです。

209 欠かせないのは心の健康

誰であっても健康でいたいという気持ちはあります。その真理は、心身の健康というよりは、やはり心なのです。心があるから肉体が成長するし、動いているし、心が健康であれば、体は植物のようなもので、そんなに心配することはない。それが仏教の立場です。体のことを心配するというのは、心が心配をもっているということで、逆効果で、悪循環でさらに体も悪くなってしまうのです。

お釈迦様がおっしゃったのは、「あなたは体が病気になっても心を健康に保ちなさいよ」という一言なのです。「心を健康に保つ」というのは、怒りや欲がなく、美しい心を保つことです。肉体の細胞一つひとつの中に、心は機能しています。離れません。心というのは生きるということでもあって、命ということでもあって、一つの機能なのですね。体中に生きているという「機能」があるのです。

210 「心」は「体」の専属ドライバー

「体」という物体は、「心」が動かします。しかし、皆さんの「心」は未熟で、育てようとしたこともないのではないでしょうか。運転を習ったことのない人を、専属ドライバーに雇っているようなものです。

私たちの人生が成功するのも失敗するのも、鍵を握るのはすべて「心」です。すごく悲しいことも嬉しいことも、「心」が起こすことなのです。「心」さえ豊かであるならば、「心」さえ満たされているならば、何の問題もありません。常に幸せを感じていられます。

211 肉体は物質。思うようにはならない

「年を取りたくない」という気持ちがあると若さを維持するために必死になります。しかし「老人になっても体が若くて元気なのがいい」と思うのは、勘違いです。自然ではありません。「そういう思考はやめなさい、間違いだ」と仏教では言います。年を取るのは自然なことで、自然に放っておけばいいのです。物質に無理な命令をしようとしても、けっしてうまくいきません。

その代わりに我々は、芸術の自由とか言論の自由とか政治的な自由とか、いろいろな自由をつくれます。

212 無能な心は体を丁寧に使えない

道具を丁寧に正しく使うと良い結果になるのは当然ですが、無理に、強引に使用すると、道具も壊れるし期待する結果にもなりません。

正しい職人だったら、道具を丁寧に扱います。それで立派な仕事をするのです。道具も傷みません。だから一人前の職人が使う道具はみな立派でしょう。包丁一つにしても、台所の包丁とはわけが違います。

腕のいい職人のたとえのように、有能であればあるほど道具を大事に大切に使うはずですが、心は無智です。能力がないのです。だから、体という道具をむちゃくちゃに使うのです。

体はいつでも弱いものです。心が期待するほどの刺激を与え続けることは、不可能です。だから、かなり慎重に扱わないといけません。

体は面白いほど弱いのです。ちょっと階段を滑っただけでも天国行きです。ちょっと食べ物を間違っただけでも大変です。こんなに弱くて、ほんのちょっとしたことで壊れて死んでしまうような体ですから、丁寧に扱うべきですが、心はそれを知りません。

213 体には価値がない

「肉体は何の価値もないのだ」とお釈迦様はおっしゃいます。

肉体は、消費期限がとても短いものです。ですから、認識作用がなくなったら、すぐに捨てられてしまいます。

体のために生きることは、最終的に何も得られない、損だけの生き方になります。しかし、世の中の生き方は、体のために生きることです。世の中の人々は、心のために生きる意志はないのです。

それは、肉体が永遠不滅だと考えているからです。

しかし、仏教でいう心が瞬間瞬間で変わる集合体だからこそ、心がすごく強い力だからこそ、心を育てなくてはいけないのです。

ですから、どんなにこの体のためにビルをつくったり、いろいろなことをしたり、戦争までして生きていても、結局は何も得られません。肉体は捨てられるのです。

214 心の汚れは体の毒

心の状態は、体の状態と密接な関係があります。健康のためには、明るい心、謙虚な心が必要です。逆にどんな形であれ高慢は体に悪い影響を与えます。それは猛毒です。自分の心の毒で自分自身がやられてしまうのです。

私たちの体にはいろいろな猛毒があるのだとお釈迦様は言います。嫉妬、怒り、高慢、苛立ち、悩み、憂い……、そうした心の働きはすべて猛毒です。ですからいくらすばらしいお医者さんの治療を受けても、そうした毒がある場合、病気はなかなか治りません。どんなに体にいい食べ物を食べても、心が汚い人は、食あたりを起こして病気になってしまいます。

心さえ清らかになれば、今、私たちが苦しんでいる病気の九〇パーセントは消えてしまうでしょう。ちょっと病気になったとしても、心が清らかな場合は、少し薬を飲んだだけで、すぐに治ります。それは確かな事実なのです。

215 少欲知足で心を強くする

心と体のうち、より主導権があるのは心のほうです。心が病むと、肉体に「あれをやれ、これをやれ」と、煩悩《ぼんのう》が命令をすることになります。「もっと食べろ」という命令で過食症になったり、「食べるな」という命令で拒食症になったりします。あるいは「死になさい」と心が命じて自殺してしまうこともあります。病んだ心が肉体を殺してしまうのです。いつでも「少欲知足」を心がけることが、欲の制御・コントロール、心の管理です。それによって心が強くなり、人生は幸福になるのです。

216 心をリセットする

常に新しいアイデアや考え、インスピレーションを出せるようにするには、心をリセットしておかないといけません。ゲームと同じで、リセットして元に戻して次のゲームに挑戦するのです。

だから、歩くときでも姿勢を正して心をカラにする、何も考えないようにするという訓練が必要です。その狙いは、心を健康的にすることです。

結果として、肉体も見事に合わせて健康になってくれます。

217 やりがいのある精神の育成

大変なようですが、自分で「精神」を育てることはやりがいのあることです。ヘリで山頂に下ろしてもらうより、自分の足で山を登り山頂に到達するほうが気持ちがいいですよね。カンニングで満点を取るより、自分でちゃんと勉強して満点を取るほうが気持ちがいいのです。

精神の成長は、方法を間違わなければものすごく早くできるのです。そして心を満たしたら、体はただの道具ですから、何もつまずくことはなくなってしまうのです。

218 心のせいで体が犠牲になる

「鰯《いわし》は安いから食べない」とずっと言っていた人が、テレビで「鰯は健康にいい」と言っているのを観て、毎日、鰯を食べるようになる。しかし、しばらくするとまた、「やっぱり口に合わない」と、見向きもしなくなる。かと思えば「私はこれが好き」と、自分の好きなものだけを大量に食べている人もいますね。

こういう食べ方は、心のわがままを満たすために、体が犠牲になったようなものです。当然、体には悪いのですが、体には、どうすることもできないのです。

219 病気は当たり前

空腹なのは元気の証拠などではなくて、空腹も病気の一つです。私たちはお腹が空いたら、ぜんぜん何の心配もしませんね？　ただ、ご飯を食べてそれで終わりです。のどが渇いたら、ぜんぜん心配しないで、水を飲んで終わってしまいます。ほかの病気になっても、同じ気持ちになってください。どうってことはありません。「ああそうか、病気か」と。「ああそう、じゃあ、どうしよう」と、対策をとればよいのです。

心臓が弱くなってきたら、「ああそうか、では適当に気をつけて生活します」ということです。

病気はごく当たり前の、お腹が空くことと同じことだと思ってしまえば、ずいぶん楽になります。たとえガンになったからといって、驚いてしまって、びっくりして、怖くなってしまうと、それだけで死んでしまいますからね。そうではなくて、気持ちの上で「ああガンですかね、ああわかった、わかった。では、一番よい方法をとりましょう」と、落ち着いていられれば、平安にいられます。大事なのは、心の平安です。

220 現代病にならない食べ方

私たちは、体を維持するために食べているのではなく、おいしいから食べています。皆がごちそうを食べているから自分も食べています。今、流行っているのだからといって、食べています。油ばかり食べたりして、「おかしいのもいいところ」です。滑稽です。

欲で食べているのですから、怒りで食べているのですから、見栄で食べているのですから、嫉妬で食べているのですから、食べるものは、ほとんど毒になります。毒ですから、体はそれを採り入れません。

しかし入ったものは、体のあっちこっちにたまっていきます。体はゴミだらけです。ゴミだらけで詰まっているのですから、どうやって血管が動くのでしょうか、という話です。

食べるときに見栄を張ったり、もちろん暴力的になったりせず、「今からいただく、この食べ物をつくってくれたすべての生命に対して、慈しみを抱きます」という気持ちで、適量だけ食べます。それなら、現代病は一つも起こりません。

221 食べないと細胞が活性化する

空腹感を感じたほうがいいのです。空腹感を感じると、細胞が生き返ってきます。ちゃんと三食を食べると、まず肉体が怠けます。栄養があまって、自分たちの仕事をしない。仕事をしないで怠けると、かなり悪い物質が残ってしまいます。

栄養を絶ってみると細胞がアラッとびっくりするのです。それで自分たちが生き返ってきて、微妙なものでも摂取しなくては困ると思うようになる。細胞がいきなり活性化するのです。細胞が活性化すると、何のことなく心が回転してきます。わかりやすくいえば、すごく元気になるということです。

元気というのは肉体的な元気だけではなく、精神的にも元気になる。精神的な元気がより活発になってくると、精神的な栄養が摂れるのです。物質を食べていないだけで、心は回転していますから。それで幸福感、喜悦感、仏教では「軽安《きょうあん》（passaddhi《パッサッディ》）」と言いますが、心身ともに軽く感じたり活発になったりします。それは普通の生活ではけっして味わえない大変な幸福です。

222 「私は死なない」から始まる苦しみ

たとえば「私は必ず次のオリンピックに出てみせる」と頑張ったところで、オリンピックに行く一カ月前に事故にでもあって、出場できなくなったら、「どうして私に限って」と思うでしょう。本当は、誰がいつどうなるかは、誰にもわからないことです。瞬間、瞬間、何が起こるのかわからないのですから。

しかし、我々は瞬間、瞬間、何が起こるかわからないなどということは、ないことにして、「都合の悪いことは何も起こるはずがない」「私は死ぬはずがない」という考えのもとで生きようとします。ですから怒り、憎しみ、苦しみ、悩みの底のない穴に落ちるのです。

だって、そうでしょう？　たとえば「私は成功するはずだ」と思ってやって成功しなかったら、ものすごい苦しみに陥ってしまうでしょう？　怒ります。恨みます。我々の心にある、恨みやら、憎しみやら、悩みやら、嫉妬やら、落ち込みやら、あらゆる苦しみの原因が、「我は死なない」という前提からつくられていきます。

223 世界は肉体至上主義

世界の哲学は、たった一つ、肉体至上主義です。私たちは、ただ肉体の維持管理のために努力していることになります。

しかし、いつか肉体は老いて、病に倒れます。それまでの一切の期待・努力を無にして、裏切って壊れるのが肉体です。

私たちは、そのことを理解しようとしません。人類は、絶えず肉体のために一切をかけて頑張っていますが、肉体は確実に裏切ります。確実に裏切られるのに、そのことを知ろうとも、考えようともしません。

224 瞬間、瞬間、死んでいく

瞬間、瞬間、我々は死んでいきます。それを成長していくとも言うし、年を取ったとも言います。

あるいは瞬間、瞬間、変化していることを「病気になった」とも言うし、その変化の一過程として、肉体の流れがストップしたところで「死んだ」と言うだけです。それが事実です。

225 皆、何とか一日を生き延びる

たとえ一日でも、生きることは奇跡です。生きることは大変です。

「元気で生きていますよ」「いきいきしていますよ」「明るく頑張っていますよ」などの言葉はよく聞きます。「何とか生き延びています」とはあまり言いませんし、正直なところ、言いたくもないのです。

しかし現実は、赤ちゃんからお年寄りまで皆、何とか生き延びているだけのことです。生きることは大変です。逆境そのものです。逆境に逆らうために、心にはすごい力が必要です。

226 捏造《ねつぞう》が生命の足かせ

自分が「悪い」と捏造した生命を殺したり、「欲しい」と捏造したものを独り占めしたり。さまざまな悪業をして不幸へ進むことになります。捏造のせいで発展が止まるのです。魚が大好物だと捏造する人は、魚ばかり食べます。お金がすべてだと捏造する人は、金儲けに人生をかけます。

ここで、捏造によって生命が束縛されてしまうことが理解できると思います。捏造が生命にとって束縛なのです。足かせなのです。智慧が発展しません。自由が得られません。幸福にはなれません。

227 嘘をついてはならない理由

人を騙してでも、欺いてでも、インチキ詐欺や偽善をはたらいてでも、生きていかなくてはいけないのでしょうか。他人の命より、自分の命に価値があるのでしょうか。もし騙してでも、欺いてでも、詐欺をはたらいてでも、生きる価値があると証明できるならば、自分の命には他人の命より価値があると証明できるならば、なんとしてでも生きてみたほうがよいのです。

しかし事実は違います。誰の命も同格です。要するに皆、平等なのです。その上、他人の助け、他人の協力がなければ、自分の命は瞬間ですらもちません。他人に助けられて、やっと命をつないでいる身分である私に、他人を騙す権利はまったくないのです。ですから嘘をついて人を騙すことは存在の根本的な法則に違反する行為です。生命に生きる権利は平等にあるから、生命が互いに協力し合って命をつないでいるから、生命同士で信頼関係があったほうが、幸福に生きられます。だから嘘をついてはならないのです。

228 生きるとは刺激を求めているだけのこと

喜・怒・哀・楽という感情（刺激）はすぐに消えるものです。見たもの、聞いたものはすぐに消えてしまうからです。消えてしまうと、また欲しいという感情が生まれます。音楽を聞いてもスピーカーから絶えず音楽が流れてこないと、喜・怒・哀・楽は生まれません。スピーカーの音が消えたら、また再生するはめになります。つまり、喜・怒・哀・楽を感じたら、「もっと欲しい」という感情が生まれるのです。それを「意志」（will）といいます。

なんでもないことから感覚の流れが生まれて、知ることが出てきて、感覚が出てきて、感情が出てきて、その上、意志という、「もっと欲しい、もっと生き続けたい」というとてつもないものが生まれてくるのです。命とは変化する組織（集合体）であって、因果法則によって成り立つものです。この命という組織が、刺激を求めて動いているのです。植物の場合、葉は、光という刺激を求めて地球の引力と反対方向、上へ上へと伸びていきます。根は地球の引力の方向を見て下に伸びていきますね。そのように生命は、刺激を求めて回転しています。生きるとは、そういうシンプルなことなのです。

229 生命の法則

ある、生命の法則があります。あなたがほかの生命に対して優しさで接すれば、ほかの生命も優しさで接してくれる、ということです。

あなたが人を怒ってにらんだら、相手もにらんできます。それで気持ち悪くなって、あなたは幸福に生きていられなくなります。あなたが生命を殺してしまうと、その生命には死ぬまで寿命をまっとうする権利があるのですから、その権利を途中で奪ってしまうことになります。だから、あなた自身も生きる権利を失ってしまいます。他人を殺した時点でとっくに生きる権利を失っているのです。だから、最初から「殺生するなよ」ということが法則にのっとって道徳になるのです。

もし長生きしたければ、生命を助けてあげることです。それで長生きできます。気持ちよく生きたければ、あなたが親切にしてほしければ、親切にしてあげなさい。そうしたら親切が返ってきます。

230 他の生命なしには生きられない

微生物がいなければヨーグルトも食べられないし、納豆も食べられません。醤油や味噌も食べられません。

いいえ、そういう、特定の食品が食べられないレベルの問題ではありません。

胃袋を考えてみてください。どれほどの生命がいるでしょうか。その生命がなければ、たちまち私たちは死ぬのです。

231 生命の権利

「私には生きる権利がある」ということを、「私」を中心にして考えてみましょう。

「生きる＝死を避ける」です。「生命の唯一の希望＝死を避ける」なのです。食べても、しゃべっても、遊んでも、すべては死を避けるためにやっていることです。

生命の唯一の希望は「死にたくない」なのです。当たり前のことでしょう？　いかなる生命も、神様でさえも、そのためだけに生きているのです。だから生きる権利を奪うのはとんでもないことなのです。

232 命を脅かす怒り

私たちの心は「長生きしたい」と思っています。「死にたくない」と思う気持ちがあまりに強いので、心にストレスがたまっていつも脅えているのです。そして、自分の生命を邪魔されるのではないかと、他の生命や環境に対して拒否感を示し攻撃します。攻撃すると、相手からも攻撃されます。

自分が生きたい、幸せになりたいとばかり思って、他人と環境を敵に回すと、相手もこちらを敵としてとらえてしまいますから、さらにこちらも攻撃を強めることになるのです。

この「怒り」の悪循環にはまることほど、恐ろしいことはありません。怒りの自己発火現象です。

怒ると、心が病気になって、次には脳が病気になり、体が病気になります。怒りっぽい人というのは、ものすごくガンになりやすいのです。長生きしたかった人が、怒りに引っ張られて、短命になる道を歩むことになります。

233 プライドを傷つけるな

蛇はネズミだったら獲って食べますが、人間がいたら逃げるだけ。しかし、わざわざ行ってしっぽを踏んだらどうなりますか？　ふだんは逃げる蛇でも、思わず反射的に噛みますね。

何を言いたいかというと、我々は人間のプライドを傷つけてはいけない、ということです。ひどいことになります。どんな人間にもプライドがあるのです。わざと蹴ったり踏んだりしたら、反射的に反撃されます。

234 感謝して慈しみを育てる

我々が生きられるのは、自然やら生命やら、いろいろなものに助けられて、支えられてのことです。おいしいご飯を食べられるのは農家の方々が一生懸命作ってくれたからであり、炊飯器を開発した人々の必死な研究の結果でもあります。一日生きたということは、無数の、無限の生命に支えられたということです。だから、そこをよく自覚して「慈しみを育てること」です。死ぬときはそれしかやることがありません。「みんな幸せであってほしい、ありがとうございます」という気持ちです。

235 病気で不幸にならないように

死ぬ瞬間まで幸福で明るくいることが、仏教的な自然の法則による病気に対する、自立場です。病気で不幸になることなく、自然の病気は治すのではなく、明るく乗り越えて、幸福に生きることが大切です。いくら歳をとって体が弱くなっても、小さいときにあった明るいエネルギー、過去ではなく未来を見つめ、今日を力いっぱい生きるエネルギーを消してしまう必要はありません。それは心のエネルギーですから、頑張れば同じ強さでずっと保ち続けることができるのです。

236 命は短い

覚えておいてください。人生は短い。命は短い。一秒一秒、ザーッと過ぎていってしまうのです。

秒単位で命は縮んでゆくので、遊んでいる暇はありません。一瞬でも、逆戻り、リセット、繰り返し、やり直し、再生はできません。

「人生をもう一度やり直せる」とか「人生をリセットできる」と思ったら、それは勘違いです。無駄に使える時間はないのです。

237 毎日の変化を楽しんで生きる

歳をとるにつれ自分が毎日変化していく、その実際を楽しめばいいのです。毎日、自分の心も体も変化していく。毎日、まわりも変化していく。その現象を楽しめば、歳をとることは楽しくて仕方がなくなります。そのように気持ちを入れ替えるべきです。

そもそも自分は毎日毎日変化していくのだから、昨日の自分で今日も生きていたいというのはおかしなことです。今、五十代や六十代の女性も、十六歳のときの自分がどんなだったかを思い出してみてください。そのころはニコニコ笑いながら遊んだり、男性に声をかけられたり、楽しく華やかなことがいろいろあったと思います。しかし、五十代になった女性に、「十六歳のときと同じように行動してみてください」と言ったらどうなるでしょうか？　十六歳のときの服を着て、十六歳のときの髪型にして、十六歳のときのアクセサリーをつけて一日行動してみてください。どれほどおかしいか、どれほど笑われるか、どれほどの目に遭うかは、だいたいおわかりになるでしょう。これは極端な例ですが、過去に戻ることがどれほどバカバカしくて、残酷で、大変な苦しみなのかということに気づいてほしいのです。

238 捨てることが生きること

捨てないと進化がなくなってしまいます。おもちゃは捨てないと大人になれないでしょう？　成長というのは何かを捨てることなのなのです。

捨てることを忘れて財産や子どもたちに執着していると、自分が死ぬとわかったところですごく怖くなります。智慧のある人は、生きることは捨てることであるとわかってきますから、この恐怖感がなくなってきます。たとえ嫌であろうとも捨てていくのですから、嫌だと思うのが余計なのです。

239 死を知ると、悪いことをしなくなる

「私は死につつある」とわかっただけで、人は、自然と悪いことをしなくなっていきます。

満足しようとしている人、自然の流れに逆らってまで頑張る人、人を脅《おど》したり、騙してまで商売をする人、戦っている人などを見ると、「なぜそこまでやるのか」という気分になります。「何もそこまでやらなくてもいいんじゃないかな」という気分になります。死を知っている人は、悪いことをしなくなります。

240 幸福はどこにある？

世界中の財産が自分のものになっても、心が落ち着いていなければ少しも幸福ではありません。精神的な安らぎがなければ、お金など何の意味もないのです。自分の家がなくてどこか木の下で寝ていても、あるいは駅の構内で生活していても、心が安らかで何の苛立ちもなく、自然体で空気のように生きていることができるならば、最高の幸福が味わえます。緊張してビクビクしながら生活することこそが不健康で、不幸なのです。

ですから、「病気になりたくない、歳をとりたくない」などと、自然の法則に逆らって、どうやっても叶うはずのないことを願うのはやめましょう。「これは私の管轄の問題ではありません」として自然に任せておきましょう。「自然の法則は真実であることを、ありのままに観ておきなさい。そこに幸福がありますよ」とお釈迦様は教えるのです。

241 誰もがオートモードで死ぬ

生きることは死ぬ瞬間まで大変です。でも、苦労しては死にません。死ぬときは、もうぎりぎりまで耐えて、耐えて、耐えられない瞬間で死にますから、それは苦痛です。しかし、だからといって、死なない選択はできないでしょう？ オートモードで死にます。

つまり、生きることは最後の最後まですっごく苦しいので、頑張らなくてはいけないのは、はじめから当たり前なのだということです。

242 死を思うと楽になる

実際、今にも死ぬかもしれないと思うと、面白いことにけっこう元気になります。けんかもしたくなくなるし、何か嫌なことを言われてもすぐにニコッと笑い返せる。仕事を頼まれても嫌だと思わずにすぐできます。そして自分の智慧や能力がジリジリと発達します。

ときどき私も弟子たちのことで困ったりしたときは、すぐに自分の死を頭の中に思い浮かべます。「自分が死ぬという場面でこんなことはぜんぜん関係ないだろう」と思うと、すごく楽になります。

243 美しい心で死ぬ

死ぬ準備ができる人というのは、死ぬときも美しいのです。

特に子どもたちのことに対しては、やっぱり家族でしょうし、親でしょうし、どうしたって感情が表に出てきます。スリランカでは昔から、それを言いたい放題、言い尽くすためにお寺のお坊さんを呼ぶという習慣があります。お坊さんに言いたいことを言って亡くなります。「これでぜんぶ言いましたから、思い残すことはありません」という心で亡くなります。

244 仏教における「死」

「死んで、生まれて」という循環は常にあるのです。今、生きているあいだでも、同じことが起きています。見る心がなくなって聞く心が生じ、聞く心がなくなって妄想が生じる……。そのように、心は生滅変化しながら、常に流れていっています。

命というものは、そのとき、そのとき、死んでいくのです。その瞬間、瞬間の死こそが、仏教における「死」です。

245 「生」とは誕生ではない

「生」といえば誕生のことのみだと思ってはなりません。常に「生」があるのです。

たとえば、家族の誰かが病気になったとしましょう。それまでは家の中で誰も病気ではありませんでした。つまり、新しい状況が「生まれた」ことになります。すると、それを家族は「嫌だ」と思ってしまいます。生まれた状況を「苦しい」と思います。もし、その病気が治ったなら、そのときにまた新しい状況が生まれたことになります。悪いことがなくなってよいことが生まれたから、今度は「楽しい」と思います。

人生の中では、次から次へとよいことが生まれるわけではありません。ほとんどの場合、生まれるのは、悪いことです。何より、年を取るということも、絶えず新しいことが生まれるという意味です。「老いることは楽しい」と思う人はいません。しかし、「私は二度と生まれないように、悪い出来事が生まれないように」と期待しても、それは叶わない願望なのです。

246 執着なく死ねるように生きる

充分正しく、しっかり、文句なく、自己嫌悪にならないような生き方をしたから、次のステップは死ぬことしかないというのが理想です。ベストな死は「では、さよなら」といって死ねることなのです。

息子に会いたいとか、死ぬ前にウナギを食べたいとか言うのは、すごい執着です。「もう充分食べてきたから食べ物なんかいらん。息子にはさんざん苦労させられたから放っておこう。私は穏やかにいたい。さよなら」というのが、完全に満たされた死に方です。

247 時間を無駄にしている場合ではない

自分の死を感じ、自分が毎日毎日、衰えていくのだとわかると、いても立ってもいられない気持ちになるのです。

だから、仕事を頑張るし、親の面倒をみることも頑張る。さっさと結婚して、子どもが生まれたら「のんびり落ち着いてはいられない」ということで、やるべきことをてきぱきとこなすのです。

第5章

仏教が教える「生きること」の本質

真理の法則
生きることは苦
無常
自我
慈しみ

248 あなたが笑えば世界が笑う

皆さんが先に笑えば、世界は笑ってくれます。皆さんが先に「ありがとう」と言うと、世界は感謝を受けて助けてくれたりもします。「あ、いいよ。何かあったら言ってください」と言ってもらえます。

逆に、いつもブスーッとして愛想もなく、誰にも挨拶や協力をせずに過ごしていたら、いざというときに助けてくれる人はいなくなるでしょう。当然ですね。

そのように、全世界を自分の味方につけるか、敵に回すかは、自分次第です。

249 幸不幸は環境次第

良い人に出会うと人生は幸福になります。成功します。また、その逆もあります。

ですから、我々はやっぱり生まれたままの人間ではないのです。

人生は環境によって変わって、変わっていくのです。良い方向に変わる場合もあるし、悪い方向に変わる場合もあります。

250 すべてはあなたの意志

あなたの人生を決めるのは、あなた自身の「意志」です。このポイントをおさえることが安全に生きる術だと思います。あなたの幸福は「神様のお恵み」のおかげではありません。あなたの清らかな意志で行った行為の結果です。あなたの不幸は「悪魔の誘惑」のせいではありません。あなたの汚れた意志で行った行為の結果です。

あなたが幸福な者か、不幸な者か、成功者か、失敗者か、努力家か、怠け者か、人気者か、嫌われ者か、悪人か、善人かを決めたのは、あなた自身です。

251 よい人間になるには

生まれたときの自分が、自然に悪い方向にいくような性格なら、どうしようもなく悪い人間になってしまうのです。生まれたときのOSが、いつもよい方向にいくようなものなら、必然的によい人になっていきます。それを認識して、努力して、よい人と付き合っていけばいいのです。それが自分でよい環境をつくることになります。

俗にいえば、嫌いだけど勉強をするとか、難しいけどやってみるという努力が必要になってきます。難しいからやめたという人は、けっして向上はしません。

252 異論が成り立つ場合は主観

真理なら答え・意見は一つなのです。「地球は丸い」というのは主観ではありません。客観的な事実、真理です。

一方で世の中のことは、異論だらけです。異論が成り立つということは、それは主観です。主観だから、すべての論には反論が成り立つのです。会社の会議であろうが、夫婦の話であろうがけんかになるのは、「論には常に反論がある」ということがわかっていないからです。自分の意見はあくまで主観なのです。事実なら反論はないのです。

奥さんの意見が完全な事実なら、旦那さんには反論できません。たとえば旦那さんがサラ金から借金をしてパチンコをしたとします。そこで奥さんに「督促の電話があったけど、あなたはお金を借りたのではないですか?」と問われたら、旦那さんに反論はできません。けれど「なぜお金を借りたの?」と問えば、それは主観を尋ねているので、「小遣いが少なすぎる」とか反論が成り立ちます。それに対して奥さんも「だってあなたの給料が少ないでしょう」などと反論することになって、けんかになるのです。

253 真理に従う生き方

真理とは主観で行動するのではなく、法則に従うことです。真理というのは主観ではありません。

たとえば、俗世間では「殺すなかれ」は認めますが、敵に対しては、場合によっては戦争して殺さなくてはならないと思ったりもします。これが世間の正義です。

仏教が言うのは、「一切の生命は殺されることを嫌がる」という法則があるのだ、ということです。どんな生命も、何がなんでも殺されたくないのです。殺されることを、とにかく第一に嫌がります。仏教では、「生きる」のは「生命の権利」です。「生命を奪うことは、誰にもできない」というのが法則に従った真理の生き方です。したがって真理に従うならば、「生命を奪うこと」は違法です。だから仏教では「殺すなかれ」なのです。戦争は不可能です。

日本でもアメリカでも殺すことは違法ですが、場合によっては仕方がない、ということになっています。仏教では「殺すなかれ」は法則なので、勝手に変えられません。「場合によって、地球は四角い」と言うことはできないのと同じです。

254 「無限」という概念は、因果律で成り立つ

皆さんはよく「お腹がすいた」と言うでしょう？　それは原因でしょうか、結果でしょうか？　因でしょうか、果でしょうか？　答えは「因であり、果でもある」です。

「果である」と言う場合は、それまでの時間しばらくご飯を食べていなかったことや、前回の食事で体に入った栄養を使い終わったことが原因となって、お腹がすいたという果になったということです。

しかし、お腹がすいたということが原因になって、我々はご飯を食べますね。ですから、「お腹がすいた」という現象は果でもありながら因でもあるのです。「お腹がすいたこと」が原因で、「ご飯を食べて満腹になった」ということが結果になったとしても、それは一回で終わりませんね。今度は満腹になったことが原因になって、次の結果を出すのです。

このように、日常のシンプルな現象を少し調べるだけでも、因果の流れ、というのがあるのです。何か結果を出しても、結果が因になりますから、どこまで流れるのかというと無限でしょう。存在についての無限という概念は、因果律によって成り立ちます。

255 業の力で生きると楽

生まれる生命には、死ぬまでのエネルギー量が最初からあるのです。それを仏教では「業」と言います。「必要不可欠なものは苦労なく手に入る」というのは、業の力です。生命の生き続ける業の力は、誰にもどうすることもできない、最初からその生命に備わったものなのです。

「必要なもの」は簡単に手に入りますが、「欲しいもの」は苦労しないと手に入りません。しかし、手に入る保証もないのです。「必要」と「欲しい」を区別して、なるべく「必要」だけで生きることが幸福への道です。

256 幸福は善行為の結果

たとえば、すごく珍しい美しい花に感動したとすると、それはその人の過去の善行為の結果です。花を見て感動して、楽しみの瞬間を過ごし、幸福な瞬間を生きています。けっして悪いことではありません。その人の人生の幸福の一秒です。

257 人生は苦を何とかすること

人生を観ると、お腹の中に人間が入った瞬間から、死ぬ瞬間まで、いろいろな悩みごと、問題があります。次から次から、いろいろな問題が出続けます。これに何とか応えようとすること、それが生きることなのです。

学校に行く、勉強する、大学に行く、仕事を見つける、結婚する、子どもを育てる。生きる上で、あらゆることをやっています。それは悩み・問題があるからなのです。もし、何も悩み・問題がなければ、我々は生きるという作業をしません。

258 苦から苦への引っ越し

お金がないことで苦しむ人は、お金があったら楽だと思う。お金を苦労して手に入れるなら、お金がないという苦しみが当然消えます。しかしお金があることで新たな苦しみが生まれます。

家が狭いと苦を感じる人は広い家に引っ越しする。楽です。しかし広い家は狭かった家よりも苦しみをつくります。家の管理は大変です。家賃は高いのです。がむしゃらに働かなくてはいけなくなります。

259 智慧を開発しなければならない理由

命というのは「苦」でできています。苦がなければ生きていられません。どうして呼吸するのかというと、やめてしまうともう、耐えがたい苦しみがあるからです。どうしてご飯を食べるのかというと、ご飯を食べなければ、耐えがたい苦しみで、死んでしまうからです。ですから苦が命をつくって、苦が命を管理して司《つかさど》って、苦のために生きています。

苦に生まれて、苦のために生きていて、苦で死んでしまいます、という人生は、普通の人生です。その人生では、決まってものすごく悔しくなり、「そんなはずではない」という生き方で生きています。ですから際限ない悪行為、災禍《さいか》を生み出すという真理もまた、生まれてしまいます。これを破るためには、智慧を開発しなくてはなりません。

260 危険な人生中毒

生きることは「動く」こと、生きることは「知る」こと。そのベースには、「生きることは苦である」という真理があります。

しかし、「生きることは苦である」という意味は、なかなかピンとこないかもしれません。私たちは、「生きることは楽しい」と勘違いをしています。これは実は、とても怖いことです。

たとえば、麻薬を用いた人は、麻薬を体に入れて気分がよいのでしょうか。実際は、気分がよいのではなくて、脳が冒されているのです。脳が冒されて「すばらしい」と勘違いしています。「すばらしいからもう一回、もう一回」と、使ってしまいます。それで人生がぜんぶだめになってしまいます。

「生きることは楽しい」と思うのは、麻薬が気分よいと思うのと同じことです。怖い勘違いです。麻薬中毒と同じで、私たちは人生中毒なのです。

261 「生きる目的」はない

生きる目的を、他人に教えてもらう必要はありません。

我々の人生が、成功ばかりといったことはあり得ません。人生には失敗も必ずあります。そんなときは本当に疲れ切って、誰もが、「私は何をやっているのか」という気分になります。そんなとき、生きる目的は何かと懸命に探しますが、弱ったときは気をつけておかないといけません。

世間は、人の弱みをうまく利用して商売をします。「生きる目的は何か」と求める人がいるから、汝は斯々《かくかく》の目的で、然々《しかじか》の神に創造された、などと言い寄ってもくるのです。間違っても、そのような話は聞かないでください。そのようなことで、生きる目的がわかるはずがありません。

生きる目的も、生きる意義も、本当はないのです。「生きる目的」は探しても探しても見つかりません。だから、すべての人間にとっての問題になっているのです。

262 人生は苦。幸福は苦を乗り越えること

その都度その都度、やらなくてはいけないことをやりながら生きているのです。目的があって、その目的を目指して生きているわけではありません。命が自然に流れてゆくのです。しかし、何をして生きていても、生きることは「苦」なのです。お腹がすくことも、満腹になることも、「苦」なのです。仕事があることも、仕事がないことも、「苦」です。独身でいることも、所帯を持つことも、「苦」です。在家生活も「苦」です。私たちのような出家生活も「苦」です。「苦」以外、何もないからこそ、人間が「幸福」を目指すのです。しかし、「これが幸福です」と、具体的に言えないはずです。幸福の経験はないからです。「幸福になる」と思って、実際我々が行っている行為は、「苦をなくすこと」なのです。仕事がないことが「苦」だと思う人は、仕事があることを「幸福」だとするのです。命は短いこと、必ず死ぬことが「苦」だと思う人は、「不死の境地」が幸福だと考える。この場合、このような境地があるかないかは、我々の経験で確かめることはできません。というわけで、「幸福とは、苦を乗り越えること」だとしたほうが具体的な定義になると思います。

263 空・無我という真理

すべてのものは現れては消えます。世界は「現れては消える」ことの連続です。実体的なものは何もないということを「無常」といいます。「空」「無我」も同じ意味です。

世界は蜃気楼のようなものだということです。

「空」とは「空っぽ」ではなく、蜃気楼です。蜃気楼は、光の屈折により作られている現象ですが、私たちの肉眼には、本当にそこに山や木や湖があるように見えます。しかも、「なんてきれいなんだ」と思うなど、私たちの感情まで、実体のない蜃気楼によって変化します。ところが実際に行ってみると何もありません。しかしそれは、「本当に何もない（虚空）」という意味ではありません。原因によって、一時的に現れている現象なのです。

「私」にしても、体が虚空なわけではないのです。しかし、だからといって実体的な、永遠不滅な「これ」というものは何もありません。それで「無我」ということになるのです。

264 存在には停止がない

時間というものは存在しませんが、瞬間瞬間で、現象が移り変わっていくことを止めることはできません。存在とは「動」であって、一瞬たりとも「停止」はないのです。

すべての存在は噴水や滝だと思ってみてください。噴水は止まったら噴水ではありません。滝が止まったらただの崖です。ですから一切の現象は、噴水や滝と同じです。現象は停止したら終わり、存在そのものがなくなるのです。

265 ありのままの世界とは

悟りに達する道というのは、かなり険しくて、厳しいのです。

「ありのままにみる」ということが一番難しい。これができるようになってくると、世界の見え方が変わってしまいます。いま見ているような、こんなに面白い、美しい世界は見えてこないのです。極限につまらない世界が見えてくるのです。つまり、「ありのままに見る」ならば、一切の現象は「無価値」であると、わかるのです。

266 自分とは、プロセス

「自分」というものは、ずーっと流れているプロセスです。

たとえば、細胞がずーっと壊れていって、絶えず入れ替わっていますね。血液が流れて、どんどん体が新しくなっていきます。同様に、音を聞くたびに自分は変わっていきます。ものを見るたびに自分が恐ろしいほどの勢いで変わっていきます。そのように、「自分」というのは、瞬間、瞬間で変わっていくプロセスです。

267 「ある」と認識する弊害

人は「ある」と認識するだけで、「流れ」を認識しません。「花はある」と認識するのですが、「花はずっと変わり続けている」とは認識しないのです。

川の場合は、「川がある」と平気で思いますね。しかし川は絶えず流れていきます。「これが川です」ということはないのです。だから川を見ても悟れるのです。水道の蛇口をひねっても、悟れるのです。どこを見ても、事実は、堂々と、じりじりとあるのです。それがなぜ見えないのか。理由は、人は「ものはある」と理解するからです。

268 執着は無駄

人間は、好き勝手に無常の一部をハイライトして現象を妄想して、ある現象に「早く変わってくれ」、ある現象に「変わらないでそのままでいてくれ」と希望、願望しています。

しかし「早く変わってくれ」と頼んでも、「そのまま変わらないでいてくれ」と頼んでも、変化の速さは一定です。事実として絶えず変わるのだから執着しても無駄です。

だから「希望する者、願望する者は、愚か者である」とブッダは言うのです。

269 水晶玉とシャボン玉は等価値

きれいな水晶玉とシャボン玉、どちらか好きなほうをあげると言われたら、水晶玉を選ぶでしょう？

それは水晶玉はすぐには壊れない、無常ではない、と思っているからなのです。本当の無常がわかっていないからなのです。

では、万物は瞬時に変化すると知ったら、どうでしょう？　水晶玉もシャボン玉も同じように無常なので、執着できないでしょう？　それがブッダの世界の真理なのです。

270 確固たる実体があるという誤解

一切の現象には、何か種みたいな、芯みたいなものは、どこにもありません。ぜんぶ、つかみどころのない、何かの幻、幻覚みたいなものです。

しかし、人は「何かあるんだ」と思っています。「実体があるんだ」と信じています。

自分に、ものごとに、絶対に変わらない、霊魂・魂・自我・実体があると勘違いしています。

271 世間が発見する無常はわがまま

俗世間が発見する変化、無常は、単なるわがままです。無視するのもわがまま、喜ぶのもわがまま、悲しむのもわがままです。「サクラが咲いた」とは興奮しますが、「葉が落ちて枝ばかりになった」と喜ぶことはない。絶え間ない変化の一つとしてただ花が咲いただけのことなのに、自己都合でそこにだけハイライトを当てて喜ぶ。それは気まぐれで、わがままではないですか？

272 変化するから面白い

「ずっと見ていると、どれも面白い」と言いたいのです。

寒くなると、サクラは片っ端から自分の葉を落としてしまうでしょう。私は枝しかないサクラを「ああ、眠っているな」と楽しく見ています。暖かくなると興奮したように花が咲く。はしゃいでいるみたいで、それも楽しい。あっという間に花が散るのも楽しい。その後には葉が出ているのを見るのも楽しい。うっそうと葉が茂っている様子も、「自然を守ってくれているのだ」と嬉しく見ています。

273 無常の見方

すべて瞬間で消えて、別なものに変わるのだと観察して、欲に溺れないようにするのです。

楽しいことがあっても、直ちに変わるものだと知って冷静になる。

苦しいことがあっても、直ちに変わるものだと知って冷静になるのです。

274 精神的に弱いと変化を拒む

精神的に弱くなると、変わることではなく、変わらないことを期待するようになります。精神的健康が衰えると、自分の知識を堅く守ろうとします。自分の知識に対する批判、調整、改良などを断る。頭が悪くなると、新しいことを拒んで、自分が知っていることにしがみつくのです。

年寄りがよく「昔は良かった」と言うでしょう。彼らが昔を懐かしむのは、昔のことが変わらないからです。別に昔が実際に楽しかったからではないのです。そのときはそのときで苦労があったはずです。つまり彼らは、変化しないことを望んでいるのです。裏を返せば、「今の変化は嫌だ」と言っているのです。

つまり我々は、精神的にも肉体的にも健康であるならば、無常を認めるのです。「あ、そう。変わるでしょう」と対応できる柔軟性があるのです。

275 心の変化に気づくと……

ふだん気づかないのですが、私も壁も、お母さんも子どもも、同じ速度で変化しています。仏教では集中力を育てて、変化を発見する能力を高めます。心の変化は物質よりずっと速く、光の十七倍です。

心の眼で見ると、心の無常も、物質の無常も見えてきます。無常を発見すると、いてもたってもいられなくなります。すべてが変化し、何につかまることもできない。それまでの世界はすべて崩れます。

自分も言葉もなくなる。それから心は安定して、怒りも憎しみもなくなるのです。

276 どんな事物も移り変わる

見えるもの、聞こえるもの、現実にあるものはすべてがみな、移り変わっていきます。たとえば今見ている風景も、間もなく移り変わっていきます。それだけではなく、自分の視線をあちこちに転じるだけで、眼に映るものは移り変わるのです。

このことが頭に刻み込まれていれば、人の声がうるさいと怒ったり、音楽を聴いて舞い上がったりすることはなくなります。興奮したり、落ち込んだりすることもなくなり、とても冷静になります。

277 無常でよかった

何かを見ると楽しい・悲しいといった感覚が生まれますが、バラの花を見たら「楽しい」、ゴミを見たら「気持ちが悪い」といったように、感覚は常に変わります。変わらなければ、無常でなければ危ないのです。

おいしいご飯を食べて、その味が永久に舌にとどまってしまったら、どうなるでしょうか。ですから無常でよかったのです。変わらない何かがあったら、大変なことになります。

278 実体がないからなんでもできる

無常だからこそ、無我だからこそ、自己の改良・改善ができます。永遠不滅で、これが人間の自我だと言えるような、絶対に変わらない、確固とした実体などないから、変わることができるのです。

自我などはじめからないのですが、なんでもできます。なんでもできるというと大げさかもしれませんが、ものごとにはいろいろなパターン（法則）があって、それを覚えればなんでもできるのです。

279 存在とは、不完全なもの

存在が完璧だったら、お茶を飲むこともできません。お茶が「温かいお茶」として完璧だったら冷めませんし、体に入らないはずです。体に入ったら、お茶はお茶でなくなってしまいます。しかし、実際はお茶は不完全なので、口の中やお腹の中で温度が変わって、分解されたりして、体の中をめぐって排出される。だからお茶なのです。不完全だからこそ飲めるわけです。

自分の体もずーっと変化し続けるから「生きている」ことができるでしょう？　完全だったら変化しません。体は細胞が壊れていくし、年も取っていくし、だから材料を入れなくてはいけないし、ご飯も入れなくてはいけない。入れても入れても、またまたまた壊れていく。それでこそ「生きている」ということなのです。

川がなぜ流れるのかというと、不安定だからです。酸素はもっとも不安定な元素ですが、我々はそのおかげで生きているでしょう？　そのおかげで体が壊れたら、また作れます。ですから、「不完全が存在」なのです。それなのに、バカな人々は完璧を目指しているのです。

280 事実をありのままにみる

事実を否定すると、苦しみが生まれます。

私にはお金があると思っている人がいるとします。これからもずっと金持ちでいられると思っていたら、どうなるでしょうか。一瞬先はわからないのです。株で大損して、持っていたお金がすべてなくなってしまうこともあり得ます。その事実を否定する人は、そうなったとき心臓発作を起こして死んでしまうことでしょう。事実を認める人は「ああ、そうか」と何も動じることはありません。

私たちに悩み、苦しみ、精神的な問題が生まれるのは、私たちが自然の法則に逆らっているからです。みんな死ぬのです。消えるものは消えるのです。若さも、毎日、毎瞬、毎瞬、消えていきます。すべては電気の流れ、光の流れと同じです。光はつかまえられませんね。

ありのままにものごとを見ることを「智慧」といい、智慧が現れると同時に、心の悪循環、渇愛状態が壊れます。その状態に到達した人は、空気のように、悩み苦しみに翻弄《ほんろう》されることなく、あるいは舞い上がることなく生きていられます。

281 若くありたいという希望は厄介

「若くありたい」という希望が強ければ強いほど、コンプレックスやら嫌な気持ちが増幅してしまいます。反対に、「どうせ年を取るんだから」と考えるなら、ちょっとシワができたり、腰が痛くなったりしても「当たり前」という感じでいられます。「若くありたい」という希望がなくなれば、希望と現実の隔たりがないので怒らないで済むのです。

怒りの犯人は「無常」です。「ずっと若くありたい」と思っても、変わっていきます。その事実はどうしようもないのです。

282 すべて一時的

きちんと無常を、すべては一時的であることを知っておけば、実に気楽です。執着もなくなるし、煩悩《ぼんのう》もなくなるし、人の話にも乗らないし、「ああ、そう」ということで終わります。

「よかったねぇ」も「ああ、これは大変ですねぇ」もすべて一時的。世の中は、何一つあてになりません。

283 諸行無常を知る、とは

「形あるものは、なんでも必ず壊れると知っています！」と、自信をもって言える人がいるとしましょう。しかしなぜ、その人はお父さんやお母さん、愛する人々が亡くなると、悩み悲しむのですか？　わかっていても、親に死んでほしくないのです。だから、「無常がわかる」と、世間の人は自信をもって言いますが、自分の周りに無常の現象が起きるとそれを受け入れがたく、悩み苦しむのです。言い換えれば、無常に反対なのです。

悪いものなら無常になって早く消えてほしい、良いものなら無常に逆らってあり続けてほしい、という気持ちを心の底で正直にもちつつ、「形あるものはすべて必ず壊れる」と認めることは、ブッダが説く「智慧によって知る」ことではありません。「諸行無常」と智慧によって知っている人には、そもそも悲しみが生まれませんというのが、ブッダのスタンスです。

284 変化こそが生きること

「無常＝存在」。何かすごく矛盾した言葉を二つつなげたみたいにみえるでしょう？

でもそうではなく、「変化」こそが「生きている」ということなのです。物質があるということは、変化です。太陽があるということは、太陽が変化しているという意味です。地球は自転しながら変化する。私たちも、ずっと変わり続けるのです。別に日付が変わったから年を取ったわけではなくて、たとえ地球が止まったとしても年は取るのです。カレンダーの日付はただ自転する回数を数えているだけのことです。

285 欲・怒り・嫉妬は成り立たない

欲、怒り、嫉妬などは無常の現象の中では成り立たないと理解することです。

「何か欲が生まれても、それは変わるから欲張らなくてもいい」「何かに怒っても、それは変わるのだからなぜ怒るのか」と、欲、怒り、嫉妬などは成り立たないと理解するのです。

286 何一つ、思い通りにならない理由

自分というものは、はじめからないのです。冷たいものに触れたら、冷たさを感じてしまう。温かいものに触れたら温かさを感じてしまう。

本当に自我があるというならば、感覚を思い通りにしようとすればできるはずです。しかし実際はできません。

本当は自我などないから、肉体の管理もできないのです。何一つ、希望通りにいきません。

287 一定な「私」などいない

瞬間、瞬間、変化する感覚の流れの中で「私」「自分」「自己」「自我」「エゴ」という幻覚が生まれ、「私」が合成し、捏造《ねつぞう》した認識が生まれます。

「変わらない私」「一定の私」などというものは、どこにもありません。心がつくりだした捏造、幻覚です。

「私にはいろいろな性格があるようだ。自分ってよくわからないなぁ」というほうが本当のことです。瞬間、瞬間、変化していますから、ごちゃごちゃで、統一感がなくて、バラバラで当たり前です。

288 「私」「魂」という実体はない

言葉を用いて「私」「私がいる」とは言えますが、それはあくまで都合がいいからです。現実には「これが私です」といえる固定された実体はありません。

「私」「魂」といった単語があるからといって、それらの単語に実体があるわけではありません。呼吸によって自分が変わる、見ることによって自分が変わる、いる場所によって自分が変わる、時間によって自分が変わるのです。私が歳をとっていくスピードは、一秒も止まりません。ご飯を食べたら、もう変わっているのです。

289 自我意識という誤解

「変わらない自分がいる」という自我意識は明らかな誤解です。「自分」とは認識の流れですから、常に変化しているのです。ただ、絶え間なく刺激があり、絶え間なく認識が生まれるので、「自分はずっと変わらずにいる」という錯覚に陥っているにすぎないのです。

これは、「川がある」という言葉と同じです。川は絶えず流れているのであって、ひと所に存在しているわけではありません。ずっと流れ続けて、その流れが止まらないので「ある」と表現しているだけです。

290 貪瞋癡《とんじんち》、自己愛、生存欲によって表れるエゴ

欲の感情・怒りの感情・無智の感情は最終的に似ているものです。その感情で、私たちは「自分がある」「魂がある」「エゴがある」と錯覚するのです。

それからまた、「自己愛」、「生存欲（死にたくないという気持ち）」も、人を支配しています。自己愛や生存欲にかかわる感情が、すべての顔・すべての性格に入っているのです。

我々はどんな顔を見せるにせよ、常に自己愛というものがあります。自己愛があるから怒り、自己愛があるから笑うのです。すべて自分のため、それが自己愛です。これを覚えておいてください。

それから、生存欲は「死にたくない」という気持ちですが、それがいろいろな顔で〝大根役者〟を演じています。これも、エゴ・自我の実体なのです。エゴと自我というのは、この貪（欲）・瞋《しん》（怒り）・癡（無智）、自己愛、生存欲によって表れる幻覚です。これは一切の苦しみのもとになる幻覚なのです。

291 自分に出会う

自分というものは、あらゆる感情が混じり合って生きています。怒りもある、欲もある、人を助ける気持ちもある。わがままもありますが、同時に他人の心配もします。混じり合っているのが自分なのです。

理解してほしいことは、条件によって自分の心が変わることです。私はどんなとき凶暴になり、どんなとき欲張りになるのか。どんなときに怒り、どんなときに怠けるのか。そういったシステムが心であり、それを理解することが自分に出会うことなのです。

292 誰もが「全知全能者」気取り

人間は皆、「全知全能者」気取りなのです。

他人事ではありません。あなたも世界の王か何かのつもりなのですよ。

子どもにもっと勉強してほしいと希望する。給料が上がってほしいと希望する。店にお客さんがバンバン来てほしいと希望する。

すべて主観的な「わがまま」です。そのことに気づかずに、あなたも「自分の思い通りになって当然だ」と、思っているのです。

293 世界を思い通りにしたいエゴ

自分の希望通りに誰かが動いてくれないと、相手が悪いとか、ああだこうだと文句が出ます。世界の生命がみんな、自分のために働き、動いてほしいと心の中で思っています。嘘ではありません。私たち人間は、みんなそうなのです。

世の中のすべての生命が、「自分のため、自分の利益のために、自分の幸福のために、行動してほしい、活動してほしい」と、思っています。それが人間であり、もちろん、あなたもそうです。

294 私が正しいと世界が敵になる

「我こそは正しい」ならば「世界が間違っている」ということになります。それで、小さな「我」が世界全体を敵に回すことになって、限りのない苦しみの世界が現れてくるのです。

そこは認識のバグが入っています。手術して治さなくてはいけないのです。手術とは修行のことです。だから、仏教の修行というのは苦行にはまったくなりません。ただ、「我は思う」という認識プロセスを管理するのです。

295 「私」とは感覚をまとめるラベル

夫婦げんかをするのも「私」という意識があるからです。こちらに「私」があって、向こうにも別の「私」があるのです。

親の亡くなった場面を考えても同じです。なぜ、親が死んだら悲しくなるのかというと、「私」の親が亡くなったからなんですね。悲しむからといって「『私』は優しい人間だ」というわけではないのです。世の中で親はいっぱい死んでいるのに、「私」の親が死んだときだけ、悲しいのです。

だから、あらゆる怒り、嫉妬、憎しみ、悲しみ、戦争、論争、ありとあらゆる争いというのは、「私」という一言が生みだしているのです。では「私」という実体があるのか、ということです。よーく観察したら、「『私』が生まれるのは感覚の後からです」ということになるのです。

296 自我を捨てれば問題はなくなる

心というのは、わがままな大バカ者、手に負えない曲者《くせもの》です。エゴを守るためにあの手この手の言い訳を繰り出します。では、どうすればいいかというと、答えは「自我を捨てること」です。自我からすべての問題が生まれるのですから、それがなくなれば問題も消えます。

自我を捨てるということは、「自分の心は、弱くて脆《もろ》くて大したことないものだ。どうでもよくてくだらない心だから、誰のものでも別に同じだ」という事実を認識することです。自分という自我を完全に横に置いておければ、自分が何者でもないことを心から理解できます。すると、失敗しても成功しても、平然としていられるのです。

たとえ失敗しても、「自分は大したことない人間なんだから、まあ仕方ない」と思うだけで、怒りや落ち込みなどはありません。逆に成功しても「我ながらよくやるじゃないか。でもまあ、たまたまうまくいっただけだ」と思うだけで、偉そうな気分にはけっしてなりません。ぜんぶ大したことではなくなります。いつもそういう気持ちで生きていられれば、絶対に病気にはなりません。

297 「私」という幻覚

何かを感じるたびに「私」「私」という幻覚が出てきて、その幻覚にすごく執着します。「私」こそ何よりも大事だ、と思います。「尊い魂がある」「かけがえのない自分」などと聞くと、嬉しくなります。

これらは、我々の弱みから来ています。私たちは、生きている中で、ものごとが自分の意のままにならないことを、いやと言うほど知っています。失敗したり、不安になったり、病気になったりする弱さを否定したいのです。自分にすばらしいものがあると思いたいのです。

298 自分とは「蜃気楼」

「自分がいる」というシステムを分解してみると、それは一つの概念であって、別に実体はないとわかるでしょう。そう仏教では説明します。普通の会話上は、「自分」という言葉を使ってもかまいませんが、それにはけっして哲学的な、あるいは心理的な、あるいは実体的な中身はない。蜃気楼と同じなのです。いろいろな原因で光が屈折して蜃気楼のような幻覚が生まれるだけ。ぜんぶ自我意識から出てきた問題なのです。そして自我意識さえも幻覚。この幻覚からいくらでも幻覚が立てられるのです。

299 ありのままを知って悟る

耳に絶えずなんらかの音が触れていますね。この本を読んでいる今も、何かしら聞こえているでしょう？　その音だけを聞いてみてください。

「あ、これは鳥のさえずりだ」「カラスの声だ」「子どもが遊ぶ音だ」などという妄想はしないで、音だけ聞きます。

そうすると、瞬間、瞬間、感情が変わること、聴覚が変わること、音も瞬間、瞬間、変わることを発見します。「私」が、「自我」が、ないことを発見します。たちまち悟りに達します。それで苦しみが消えます。

頭の中で妄想しないで、捏造《ねつぞう》しないで、ただ、「いる」だけです。ただ、いるだけで悟ることができます。

そのとき初めて、「自分という実体は成り立たない」「すべては瞬間に変わっていく現象のみだ」「欲張ったり怒ったりするに値しないものだ」とわかります。

300 自我がわかるとありがたみがわかる

自我のしくみを理解すると、ものの見方が変わってくるはずです。誰もがみんなわがままであるのは当たり前のことだとわかります。そして不満に思っていた周囲に対しても「みんなわがままなはずなのに、いろいろと私に協力してくれるものだなあ」と思えるはずです。

つまり、自我が錯覚だと、頭の中でだけでも理解しておけば、人間は怒る必要も威張る必要もないのだと理解できるようになると思います。

たとえば奥さんにだって、自我はあります。本当はわがままで料理をつくりたくなくても、旦那さんに合わせたくなくても、いろいろやってくれているはずです。それがわかれば「感謝」が出てきます。旦那さんは休みの日に朝寝坊するのに、奥さんは前の晩が遅くてもちゃんと早起きしてご飯をつくったりしてくれるのであれば、感謝すべきです。自我を抑えて、家庭を守るために対応してくれているのですから。感謝を態度に表わすか、言葉に表わすかすべきです。

301 自我の錯覚の理解が幸福につながる

関係ない他人事なら、悩み苦しみがないのです。自分のこと、「私のもの」に関すること なら、ひどい悩み苦しみになります。それをお釈迦様は、ぜんぶまとめておっしゃったので す。「すべての苦しみがたった一つの言葉、『私の』というところから生まれるのだ」と。

そうは言っても私のお父さんとお母さんは、「私の」両親ですし、私が買ったブランドの カバンは「私の」カバンです。「私の」ということは消せませんから、「『私の』というその 『私』とはなんぞやと客観的に調べてください」とお釈迦様はおっしゃいます。「調べれば、 『私』というのは幻覚だということが見えてくるのだよ。それで心が落ち着いて究極な幸福 になりますよ」という教えになるのです。

すごく大事なポイントですから、覚えておいてください。「私の」、この一つの言葉で、も のすごい苦しみが生まれます。そしてお釈迦様は、その苦しみを、ほんの少しの言葉で、す ごい治療方法で解決してくださるのです。

302 自分探しとは何か

私たちは、ありもしない自我、永遠不滅で絶対に変わらない魂という妄想概念にしがみついてはいけないのです。これが人間だと言える確固とした実体があるという先入見に寄りかかることなく、「自分という流れ」をしっかり管理して、自分にも他人にも役に立つ人間にならなければなりません。

そのために自分の道を探すのが、本当の「自分探し」です。自分の、そして他人の役に立つための方法こそが、自分の本当のアイデンティティとなるのです。

303 「自我を持て」という言葉は間違い

自分というものがないと不安になるのは、自分では挑戦したくないとか、隠れていたいなどと、精神が腰抜けになっているからです。そういう人は自我の錯覚をつくって、そこにひっかかって、しがみついているのです。逆に自分がないということがわかると、自然と力が湧いてきて、すごく自由に生きられるようになります。

ですから、「自我を持て」「自我を確立しろ」という言葉自体が間違いなのです。

304 自我がない生き方は自由自在

自我とはどっしりと重くて動かない硬い石か岩のようなもの。他方、自我がない生き方は、空気のようなもの。空気になったら、自由自在です。

ですから、自我を探してはいけません。岩になりなさいということだからです。どっしり一カ所にとどまってしまうことになります。

305 自我＝保守主義

なぜ新しいアイデアが出ないかというと、自我があるからです。自我があるという錯覚に陥っているから、皆ワンパターンで決められた通り、教えられた通りのことをする保守主義になってしまうのです。自我というものは「変わらない」「決まっている」「決まっている」という意味だからです。進歩主義です。

無我というのは、その反対です。なぜなら「定まったものなんてないんだよ」ということだからです。

だからこそ私たちは、無我を学ばなければならないのです。

306 自分とは、大海の一滴

海はものすごく大きいかもしれませんが、一滴、一滴で海ができています。「私」と思う自分は、その一滴の水のような存在です。たくさんの生命がいる中で、たった一つの生命として生きる「私」を海にたとえると、「一滴の海水として、海の中で生活している」状態です。

そのとき、「私」という一滴の海水が海としているなら、何の問題もなく、大丈夫です。しかし、自分だけ、一滴の水だけ出しゃばって、威張って、「私が偉いぞ、特別だぞ、唯一の存在だぞ」と思うとしたら、どうでしょうか？　一滴の海水である「私」が、どんなに威張っても、大海に対して何の影響もありません。話にもならない無智な思考です。威張るだけでなく、「私は、こんなほかの海水と一緒にいたくない」といって飛び上がってしまったら、たちまち蒸発してしまいます。

「私というのは、一切の生命の中で、たった一個の生命だ」と思えれば、生きることは、ものすごく楽になります。わざわざ威張って、自分が他人と違う特別な命だと思ったりして、他人を差別したりすると、その人の人生にあるのは苦労だけです。

307 自我を破るための努力をしよう

エゴを薄くするため、なくすために、他人のことを心配するなら、それは〝大きなお世話〟にはなりません。

たとえばボランティア活動をする場合でも、苦しんでいる人々を助けてあげて、それによって自分もエゴをなくすのだとはっきりしているならば、大きなお世話のボランティアにはなりません。自分のエゴを破るための行動になります。これはボランティアの正しいやり方なのです。

「あなた方を助けてあげているではないか」「これくらいやってあげているではないか」と、ボランティアの方々はよく自慢します。TVコマーシャルまでします。こういうボランティアは、本当に相手のためにしてあげているのか、あやしいものです。

本当のところは、自分が世の中に依存して助けてもらっているということにすぎません。それはやめましょう。我々はエゴを破るためにボランティア活動もするし、道徳も守るし、戒律も守るし、瞑想をして心も統一する。そのように励む人が、自立への道を歩む人となるのです。

308 執着とは勘違い

何もしないで、何も思考しないで、捏造《ねつぞう》しないで、ただ、見て、聞いて、感じてみましょう。そうすると、「ものごとは変化していくのだ。それだけじゃない、自分という感覚も変化しているのだ。なるほど、何のことはないのだ」と理解します。

そこで、もう怒る必要はなくなります。すべては変わって消えてしまうものですから、何に怒るというのでしょう。怒る必要はありませんね。

また、すべては変わって消えてしまうものですから、執着に値しないのだということも発見します。正確には、執着に値しないのではなく、はじめから執着ができないものだと発見し、悟りに達します。

よく「執着を捨てろ」と言いますが、捨てる必要はありません。はじめからものごとには執着できないのですよ。執着という勘違いがあるだけです。「あ、そうか。執着という勘違いがあるだけなのだ」とわかったら、心は悟りに達します。

309 あらゆる命を慈しむべき理由

命というのは、お互いの協力によって成り立っています。

我々が食べるものは何ですか？　肉を食べても魚を食べても野菜を食べても、かつてあった命を食べているのです。鉄分が必要だからと、鉄の塊を食べても、体に鉄分は吸収されません。鉄分を含んだ野菜やレバーなどを食べなければ栄養にはならないでしょう。

このようにすべての命は、あらゆる命の協力によって成り立っています。これを否定することほど愚かなことはありません。

310 本当の「与える」とは

ものを施すことがなぜ善行になるかというと、与えることでものに依存する性格、欲が減るからです。欲が減ると、心が一部きれいになり、智慧が現れてきます。すると、もっと心をきれいにするために、どうすればよいかということもわかるのです。施しでどこまで心がきれいになるのかというう、リミットまでわかります。

施しをいくらしても、心は完全にはきれいにならない、ここまでしかきれいにならないとわかる。正しくやりさえすれば、どんどん人格が向上していくのです。

311 病気になる心、ならない心

病気の人は、病気になる道を歩んでいるのです。わがままな心を慈悲の心に変えれば、それは一八〇度心を変えることですから、まったく違う道を歩くようになるでしょう。慈悲心の道を歩いているうちに、病気は自然に治っていきます。ですからわがままな心を慈悲の心に変えるということが、病人の一番基本的な心構えなのです。

もっとも、心を変えたとたんに病気が治るわけではありません。時間をかけて病気になったのだから、治るためにもしばらく時間がかかります。

312 皆が等しくただの生命

人は皆、「特別な存在」ではありません。特別な存在だと思いたくてたまらないのですが、違います。私も皆も、等しくただの生命です。どんな生命も同じ気持ちです。どんな生命でも自分が好きなのです。「私を殺すのは最悪。大嫌い」なのです。「私は死にたくはない」なら、「皆も死にたくはない」のです。「私が生き続けたい」なら、「皆も同じく生き続けたい」のです。

だったら、他の生命を殺せるわけがないでしょう？

313 人を殺してはいけない理由

我々は簡単に「邪魔だから」という理由で他の生命を奪います。実は殺意が起こる瞬間、自分の心に自分を破壊するエネルギーが蓄積されるのです。

簡単にいえば、他殺は自殺行為です。そのように、自分のしたことは、必ず結果となって自分に返ってきます。他の生命が活躍する場を奪ったら、その分だけ自分の生命が活躍する場はなくなります。ですから、すべての生命を慈しむ気持ちを育てて、互いに尊敬し合うことが大事だと仏教では説きます。

314 地球へも恩返しを

木を一本植えることも、地球への恩返しになります。私たちはふだん、自分が食べないものは育てません。それを自分の利益のためでなく、地球のために木を植えるのは、恩を知る人の行いです。幸福へとつながるよい恩返しになります。

自分を生かしてもらっている地球に感謝するのは、本当は当然のことでしょう。与えられた恩を知って、きちんと恩返しをすることは、生きている限り、当然行うべき行為です。

315 慈しみで互いの縄張りを尊重する

きれいに整理整頓してある自分の家にゴキブリが出たら、外へ逃がしながら慈しみをもって、「どこかで元気でいてちょうだいよ」と思えばよいのです。

ゴキブリを慈しむというのは、特別にかわいがって保護しなさいというわけではありません。ただ、「こちらは人間の縄張りだから、入ったら危ないよ」という優しい気分でいると、ゴキブリは出てきません。

生命とは不思議なものです。相手に対して慈しみをひろげると、向こうも、こちらのことを心配します。

316 おかげさまで生きている

命というのは、一人で成り立つものではありません。生まれて一週間、生きていたら、一週間ぶん、「おかげさま」なのです。四十年生きたなら、それだけ他の生命が生かしてくれたということです。「他の生命のおかげです」ということを忘れると、もう話になりません。ご飯を作ってくれた人に「お前はバカだ。気持ち悪い。出ていけ。殺してやりたい」と言うでしょうか？

いとも簡単に人を恨んだりする我々は、実はそういうことをやっています。恐ろしいことです。

317 調和のとれた生き方をしよう

金などの道具に支配されると、人は欲・怒り・憎しみ・嫉妬・悩み・悲しみという原動力に頼らなくてはいけなくなります。逆に、金などはみな、仲良く平和で幸福に生きるための道具に過ぎないのだと思うと、その人の生き方は「愛・慈しみ」に支配されるのです。欲・怒り・憎しみ・嫉妬・悩み・悲しみに居場所がなくなるのです。

金・地位・名誉・権力は、生きるために必要な道具だと理解してその通りに生きる人が、生きる真の目的と、世俗的なものごとを見事に調和させているのです。

世間にどっぷりと入り込んで生きることは正しくない。世間が恐ろしい悪魔だと思って逃げることも正しくない。私が元気で頑張って生きることで、皆の役に立つならば、それこそ調和に達した生き方なのです。慈しみを、生きる原動力にしてみましょう。

318 慈しみの関係性で安らかに生きる

「皆様に感謝します」と正直に言うと、その「皆様」がいろいろ助けてくれます。けっして一人では生きられないのです。互いに心配し合って、互いの面倒を見て、互いに感謝して、生きる。そういう慈しみの生き方で心に強い力がつき、幸福に生きられるのです。

ですから我々は、慈しみという絆で結ばれていなければいけないのです。誰でも死ぬことは避けられませんが、慈しみで結ばれた関係性の中でなら、安らぎを感じて生活することができるのです。

319 純粋に研究すると成果は見事

我々が欲で、怒りで、憎しみで、「あいつに負けてたまるか」という感じで頑張ると、表面的な見かけだけをつくりだし、本当の発展がなくなります。

それに対して、「生命を助けよう」という気持ちのある活動は、良い結果を出します。私たちが科学のおかげで助かっている面といえば、科学者がお金を儲ける気もなく、ただ研究して頑張った結果できたものでしょう？　「人類のために」「生命のために」という気持ちになると、見事に成果が出ます。確実に社会は発展していきます。

320 行為の善悪

人が行う行為は三種類です。

①体の行為（歩く、座る、働く、動くなど）

②言葉の行為（話すこと）

③心の行為（考えること、悩んだり、落ち込んだり、楽しんだりすること）

この三つの行為には、結果を考察するとさらに三種類があります。

①自分のためになる、利益になる行為と利益にならない行為

②他人のためになる、利益になる行為と利益にならない行為

③自分と他人のためになる、利益になる行為と利益にならない行為

この三つを善と悪に分けます。善はよい、好ましい結果を出す行為です。悪は悪い、好ましくない結果を出す行為です。したがって、「①利益になる行為は善業」「②利益ではなく、不幸になる、損することになる行為は悪業」です。

この判断基準の下にある普遍的な法則は慈悲です。慈しみこそが善なのです。

321 慈悲の瞑想で狭い心を広くする

人間というのは、とんでもないわがままな存在なのです。よく、人間は尊い存在だとか言われますが、とんでもありません。ひどくわがままでいい加減な、自分だけよければよいと思っている存在なのです。ですので、まず正直に、〝自分が幸せでありますように〟と念じます。そのとき、本当に自分が幸せであってほしいと、正直に真面目に念じましょう。同じように、〝自分のまわりの人々、親戚、親しい人々が、みんな幸福になってほしい〟と、真剣に念じてあげてください。自分だけのことが気になっていた狭い気持ちが、親しい人々も含める大きいものになります。狭い心が広くなっていくのです。

さらに、一切の生命に対しても同じく、〝幸福でありますように〟と真剣に念じます。自分の心はじわじわと拡大して、生命なら、誰のことでも素直に心配できる人間になります。自分の能力を思いっきり狭くするエゴがなくなっていきます。

322 慈しみで生きると幸福に生きられる

他人に慈しみの気持ちを抱くと生きることは奇跡的に楽になります。やることはなんであろうとも見事に成功します。自分のまわりは味方ばかりであふれます。自分を応援する人は何人もいて、足を引っ張る人は一人もいなくなります。心の中の、欲も怒りも憎しみも消えてしまいます。慈しみはすべての善業を引きよせる行為です。それだけではなく、今まで蓄積して来た悪業のポテンシャルも、結果を出す機会がなくなって沈んでしまうのです。いとも簡単に幸福一色で生きられるのです。

323 慈しみの波動は周りを幸福にする

心の波動というのは、すごいものです。みんなに行きわたってしまいます。悪い心の波動で植物さえも病気になってしまうものです。嫉妬やら怒りやら瞋恚《しんに》ばかりある心の悪い人が、植物を植えても元気に育ちません。

心の波動は世界に行きわたるのですから、瞬間的にでも〝生きとし生けるものが幸せで、幸福でありますように〟と念じると、必ずよい結果が出ます。たとえば皆さんが自分の家の中で「慈悲の瞑想」をすると、家族みんなが幸福になります。

第6章

心を整え、社会の中でよく生きる

観察と瞑想で心を整える
怒らない暮らし
心について
期待しない、執着しない
社会の中でよく生きる

324 心の落ち着きと自己観察

落ち着いた状態とは、「ものごとがどうなっているのかを見ている状態」です。落ち着いていると、ものの流れが見えてくるのです。それで、「あっ！　こうすればいいんだ」と答えが出てきます。

しかし我々はいつも落ち着きの反対で暮らしています。妄想して問題がないことにするのです。いくらないことにしても、そこに問題はあるでしょう。

瞑想で命を自己観察してください。とことん観察すると、すべて何のことはない無価値なものであると発見します。自分の身体を観察すると、「どんな命も流れているのだ」と発見します。すると執着が消えるのです。

325 心臓の鼓動を数える瞑想

心臓の鼓動を数えるのは、けっこういい瞑想になりますよ。自分の心臓が何回鼓動できるのかは決まっています。回数は誰にもわかりませんが。

心臓は一分間に七十回くらい鼓動していますね。数えてみると、自分の寿命の回数券がどんどん減っていくことに気づきます。それは「死の観察」、日本語でいうと死随観という瞑想になります。

326 ものごとを離れて見る訓練

「離れて見る」ということをやってみてください。離れて見てみるのです。批判的に見るのではなくてね。

人間はみんな貪瞋癡でぶつかっています。離れて見てみると「あれ？　自分も貪瞋癡の糞袋だったんだ。これじゃあよくないな」とわかります。

「離れる（detachment）」とは「観察すること」です。中に入ってしまうと観察はできません。外から見るという見方ができれば、どんなものごとも何とか解決できると思います。

327 たとえ末期になっても仏道を歩む

身体というのはこの地球から拾った物質、借りた物質です。その身体は、ちょっとした変化（病気）によって、ひどく気持ちが悪くなったり、次から次へと困る状況に陥ったりします。楽しいことはまったく起きません。

皆様はそういう状況を観察しながら、慈悲の瞑想とヴィパッサナー瞑想を行ってください。「病気が重くなって自分で何も考えられなくなる前に悟りに達してやろう」「一切執着を捨てるぞ」と決心してください。

末期になると嫌でも身体に対する執着を捨てなくてはいけません。ですから、瞑想をするいいチャンスなのです。

328 性格を直そうとしても無駄です

どんな人にも自分の性格で「ここは直したい」と思うところがあるでしょう。でも、そんなものは直りません。性格を直せるのは、真理の立場から見たときだけです。しかし、自分の性格を、真理の立場から見ることはできませんね。主観でしか見えないのです。だから自我で「性格を直したい」と思っても無理なのです。

誰の性格も完全無欠ではありません。別にそれでいいのです。頑張っても直らないのだから、直そうとするのは無駄な努力、無駄な時間です。そんなことに時間をかけていては、生きる時間がなくなってしまいます。

では我々はどうすればよいのか。それぞれの人間の性格の、よいところだけを使って生きればいいのです。そうすればいくらか安心して生活できます。

329 問題だらけの人生に直面する勇気

自分が抱えている問題を、人は頑張って解決しようとします。しかし解決したら、あなたにはそれより百倍くらい大きな問題が新たに生じます。それが人生の流れなのです。

生きれば生きるほど、問題は増える一方で、けっして減ることはありません。この話が本当かどうか、ご自身でチェックしてみてください。自分の人生は年を取るごとにどんどん幸福になったのか、楽になったのか、問題は消えたのか。素直にチェックしてみてください。

330 自作自演だから苦を脱出できる

理解してください。すべての問題は自分が作っているのです。「生きることは苦である」というお釈迦様の真理は、自分で苦を作っていることにそう言っているのです。

もし生きることが客観的に苦であるのなら、我々はお手上げです。たとえば客観的な事実である地球の自転は、いくら個人が頑張っても、どうすることもできません。

お釈迦様が「苦しみは乗り越えることができます」と言ったのも、苦しみが自作自演だからです。自分で苦しみを、「価値」という苦しみの原因を作らなければいいだけなのです。

331 思考妄想をやめて生きることを解明

ヴィパッサナー瞑想で、我々は思考すること・考えることをまずストップします。そして「生きるとはどういうことか」を調べます。その答えは、考えてわかるものではないのです。

思考をやめること、思考と一緒に妄想をやめることが、ヴィパッサナー瞑想のスタートポイントです。

332 解脱を目指す人はみんな菩薩です

解脱を目指す人はみんな菩薩です。菩薩とはボーディサッタでしょう。ボーディというのは解脱のことです。ボーディサッタというのは「解脱のために生きている」という意味なのです。

「何とか解脱してみよう」と思ったら、誰だってその時点から菩薩です。「悟りは難しくてちょっとわからない。私はとにかく慈悲喜捨で生きていきます」と思っても菩薩です。なぜならば、生きる衝動を変えたのですからね。別に珍しいことではありません。そんなものなのです。

333 解脱に達するとアイデンティティは消える

在家の人々は、自分と他人を区別するためにさまざまな工夫を凝らします。まずは姓名です。それから服装、アクセサリー、髪型もあります。医者、商人、大工さん等、職業でも他人と区別します。俗世間は、けっして均等で平等な世界ではありません。

出家は違います。他宗教の出家とは違って、仏教の出家はみんな、髪と髭を剃って黄色い衣を身にまといます。解脱に達するまでの出家は自分のアイデンティティを持っているかもしれませんが、覚者になる時点でそのアイデンティティもなくなります。風船に閉じ込められた空気を外へ逃したような感じです。空気が風船の中にある限り、アイデンティティはありますが、風船が割れた瞬間に、そのアイデンティティは消えるのです。

334 慈悲喜捨から始まる聖なる孤独

仏教の孤独行は、慈悲喜捨の実践からスタートします。生きとし生けるものへの慈悲喜捨の気持ちを育むことなしに、孤独行は成り立ちません。この世の中にはどんな国でも、親の面倒も見ないし親戚も関係ないとか、親兄弟はいるけど行き来はないとか、友達とのコミュニケーションも断って一人で生きてみたいとか、そういう人々がいくらでもいます。そういう人々は精神的に最底辺のレベルにいるのです。一方、慈悲喜捨の気持ちで生きている人は、精神的な次元が高いところにいます。すべての生命に対する慈しみを持っているのだから、束縛は生まれないのです。

「私のことを嫌っている人々も幸せでありますように」と願うことができる人に、感情的な絆はありません。「親しい生命が幸せでありますように。私を嫌っている生命が幸せでありますように」と願うことができれば、それが慈しみの実践になるのです。そうやって慈しみに生きる人であれば、「もしあなたに勇気があるならば、孤独行をやってみなさい」と勧めることもできるのです。

335 怒りは問題解決を遠ざけます

なぜ怒りを抱くのでしょうか。怒りを抱くと解決することができなくなってしまいますよ。問題を見るときは一般論で見てほしいのです。「我が子が不当な扱いをされた」の「我が」というところをカットして、ただ「ある子どもが不当な扱いをされた」と見る。我が子に限る必要はないのです。それで怒らないで冷静に、「そういうことはやらないほうがいいと思いますよ。これは不当な扱いだと思いますよ」と言えばいいのです。

言ったとしても、相手が態度を直すかどうかは別の話です。しかしとにかく「直してくださいね」と言い分は言う。

そこに怒りが入っていると、相手を侮辱することになるので気をつけてください。「私にそんなことを言ってくるあんたは何者なんだ!」と向こうも怒ってきますから。

336 うまくいかない……それが人生です

あのね、なかなかうまくいかないのが普通なんです。世の中には『三カ月で億万長者になる』というような本があるでしょう。百万部ぐらい売れてベストセラーになっているかもしれませんが、実際に億万長者になった人っていますかね。一人も見当たりませんね。もしかすると一人ぐらいいるかもしれませんが。

だいたい学校に行っても我々は完璧に勉強するわけでもないし、研究してもノーベル賞を取るぐらい抜群な研究者になるわけでもない。それが現実なのです。

怒らないためには「思い通りにはならない」と知ることが必要です。「怒らないように頑張っているが、あまりうまくいかない」というのは、まあそれが現実です。それを理解すれば、もう一段階レベルアップすることができるのです。

337 失敗に怒っても意味がありません

私は一度も人の失敗やミスに対して怒鳴ったことはありません。みんな時々大きなミスをするんですよ。ミスをして、時々大きな損をするはめにもなります。でも私は怒鳴りません。何も言いません。私から見れば、言っても意味がないからです。ヒューマンエラーは自然なことです。それで十万円損した、百万円損したと言っても仕方がないのです。

私が怒鳴るのはそういうときではありません。みんなが普通にものごとをちゃんとやっている。それを私が見ていて「このまま行っちゃうとこうなるかもね」となんとなく読み取れる。そのタイミングで怒鳴るんです。まあ怒鳴っても、みんなあまり気にしませんよ。「まだ間違ったことはしていないのだから」と思っていますから。しかし怒鳴られたことは事実として覚えている。だから私が予測した失敗は起きません。それでも失敗したら「ああ、そう？」と。それで終わりです。

338 欲も怒りも自作自演

眼に見えているものはただ見えているだけですが、「なんだかきれい」と思ったらもう欲なのです。「きれい」ということは自分勝手に決めた判断でしょう。見えたものは何もやっていないのです。見えているものは何の罪も犯していないのです。それを見る私が「これはきれいですね」と思うことによって、対象に対する自分の態度によって、欲になったり欲にならなかったりするのです。きれいだけではなくて「これは気持ち悪い」と思ったらそれも欲です。心が対象に引っ掛かってしまったことが問題であって、見えた対象は悪くないのです。

たとえば、あるところに美しく生けられた花があって、その傍らには気持ち悪い生ゴミが、袋にも入れられないまま山積みになっていたとしましょう。かなりのコントラストです。花を見た自分は、「なんてきれいな花だろうか」と欲を作ります。傍らの生ゴミを見たら「気持ち悪い、なぜ処分しないのか」と怒りの感情を作ります。どちらも「欲」なのです。

好ましいと思うにせよ、嫌なものだと思うにせよ、何かしら対象とつながっているのです。本当は、対象と心はつながりません。「私」がつながっていると思うだけなのです。

339 葛藤の発見

我々は二十四時間、いつでも葛藤しながら生きています。特に、自分に大事なことをやる場合には、葛藤が激しいのです。逆に自分を破壊することをやる場合には、ほとんど葛藤を感じません。たとえば友達と一緒にくだらない話をしているときや、遊んでふざけているときなどは、ぜんぜん葛藤を感じません。しかし何か大事なことをしようと思うと、やりたくないなあと葛藤が生じるのです。

だから皆様は葛藤を発見してください。葛藤とは自分を破壊に持っていく感情なのです。

340 私たちの心は〇歳児

心に年齢はありません。心の年齢はゼロです。赤ちゃんの心の年齢もゼロで、我々の心の年齢もゼロ。だから肉体だけを見て、あれやこれやと判断して感情的になっても、何の意味もありません。

年齢は物質です。その形はいつ現れたのか、その形は地球の自転を何回経験したのか、という単純な計算によるものです。しかし心にそういう基準はないのです。

341 終わりも完成もない無常に疲れること

ものごとには終わりがない。無常というのはそういうことです。無常とは単純に「儚《はかな》い」という意味ではないのです。ものごとがきれいさっぱり消えてなくなるのならありがたいけれども、何をやってもそうはなりません。ただ変化するだけ。それを見るとなんとなく、やりきれない気持ちになるのです。自分はいったい何をやっているのか。同じことの繰り返しではないか。同じ順番でぐるぐるぐるぐる回っているだけではないか。自分もまた無常だから、自分も順番に歳を取って消えていってしまいます。

やり切れない、何をいくらやっても終わりがない、完成することはないのか……。真理の発見には、その疲れた気持ちが大事なのです。

342 美しい人生の条件

自分が持っている能力をすべて、他人に幸せを与えるために使うと、生きることが美しくなるのです。能力というのはいろいろです。仏教から見れば、身体が格好いいということも一つの能力ですし、目の色が宝石のように魅力的だということも一つの能力です。別に壮大な能力ではないですけどね。

生まれ持っての身体の特徴や能力を他の人々の役に立つように使う。生まれてから身につけた能力も他の人々の役に立つように使う。あらゆるものを他の生命を破壊するためではなく、他の生命を応援するために使う。そうすると生きることが美しくなるのです。それをしない限り、生きることは恐ろしい弱肉強食の世界そのままです。

343 過去を思っても将来を思っても苦しみが生まれる

自分の過去を思い出すと苦しみが生まれます。あれはまずかった、あれは失敗した、あれはやらないほうがよかった、と過去の失敗を思い出すと、途端に苦しみが生まれてきます。では逆はどうでしょうか？　昔はよかった、昔の仕事は収入もよくて楽だった、と思った時点でやはり苦しみが生まれてきます。つまり、過去の成功を思い出しても、過去の失敗を思い出しても、生まれてくるのは苦しみなのです。

では将来のことを考えた場合はいかがでしょうか？　やはり苦しみが生まれます。明るい将来を夢見たとしても、暗い将来を思い描いたとしても、不安でたまらなくなってしまうのです。どちらにしても同じです。生まれるのは苦しみだけです。

344 怠けは無智の仲間です

怠けと貪りは違います。貪りと欲がある人は怠けません。貪りがある人は、自分が欲しいものを追いかけます。つまり欲は行動的なのです。怒りの場合も、皆すぐに行動を起こしたがりますね。欲と怒りはコインの裏と表なのです。

一方、欲があっても行動を起こさないのが怠けです。怠けは欲のグループではなく、無智の仲間なのです。

345 幸せを求めて奴隷になる思考

ものがあるから幸せだという人々は、実は苦しくて仕方がないのですよ。持っているものを守らなくてはいけませんから。でもものは無常ですからね、「ある」と言ったところで意味がないのです。あるということは変わるのだからね。幸せを求めてものを持てば持つほど、その奴隷になっていってしまうのです。

変わらぬ幸せというのは、ないから生じます。ないから何も起きない、それが本当の幸せなのです。

③④⑥ ゴミの中に幸せは見つかりません、ゴミを捨てることが幸せです

人生というのは不安でたまらなくて、苦しくて、うまくいかないものです。まずそれを理解してください。何かがあるから幸せだ、というのはすごく不安なものです。「私には仕事がある。だから幸せなのだ」と言っても、仕事というのは不安なものでしょう？　人生が安定するということはあり得ないのです。

幸せというのはゴミの中にはありません。ゴミを捨てたら幸せになるのです。「ややこしいことはわからない」と言う人は、何となく幸せになりたいと思って仏道を頑張ったほうがいいですよ。なぜなら仏道を歩むと、心の安らぎが得られるからです。この心の安らぎに勝る幸せはありません。

347 足るを知らない人生は面倒くさい

人間には衣食住薬が必要です。この四つがそろっていないと生きられません。

ブッダは「あなたに不可欠なものがそろっているかどうかチェックしなさい」とおっしゃいました。もしそろっていなければ、仲間に「早く必要なものをあげてください。人間を苦しませてはいけません」とおっしゃいました。お釈迦様が言わなくても、人間というのはだいたいそれほど悪人ではないのですよ。衣食住薬がない人のためには、何とか協力してあげようとするものです。

大切なポイントは、そこで知足《ちそく》（santuṭṭhi《サントゥッティ》）しなくてはいけないということです。それ以上のものを持つと人生は面倒くさくなるのです。

348 執着しない幸福の生き方

たとえば家の周りが汚れていたら、「なんて汚いんでしょう。私がきれいにいたしましょう」ということで、しっかりと丁寧に淡々と掃除をして、雑草も抜いて、ゴミはゴミ箱に入れて、きれいにする。掃除が終わったら、「ああ、ようやく仕事が終わりました」と、非常に後味がいい。そのときに「家の周りがまた汚れてくれたら掃除ができて楽しいのに」とは思いませんね。「いま私がこんなに幸せなのは、家の周りが汚れていたからだ。早くもう一度汚れてくれたらいいのに」なんて思うことはあり得ません。別に汚れに対する執着はないのです。

幸せとはその場、その場で行うことです。それが仏教で推薦する、心を開発する、脳を開発する幸せなのです。

349 人生は急流下り

生きることは流れることです。流れている間に、我々はいろいろなものにつかまっています。しかし、自分も流れているのだから、何かにつかまったところで、苦しくなるのは避けられません。自分はちょっとしたボートのようなものに、何とか何とか乗っている。そのボートで川の激しい流れに身を任せるしかないのです。

ボートが転覆したら困る？　だったらまあ、川のそばにある木や岩なんかにちょっとつかまってもいいのですけど、つかまったって自分はどんどん流れていくのだから、すぐに離して、別の何かをつかまなくてはなりません。

執着というのはそういうことです。「何かにつかまって生きている」というだけで、大したことではないのです。

350 執着がなければ人生は気楽です

執着がない人にとっては、パーソナルライフもソーシャルライフも同じです。何か問題が起きて解決したときも、「別にまあ当たり前のことですよ」と、自分は疲れません。世の中に解決できる問題とできない問題があることも知っている。問題を解決しても、「またこの人はすぐに問題を作るのでしょうね」とわかっている。だからすごく気楽にいられるのです。執着がなければ、人生は気楽です。

351 不安になるのは期待のせい

私だってストレスを感じることはありますよ。スケジュールが立て込んでいるときなどにね。だから私はあまり先までスケジュールを立てないのです。明日、何があるのか、というところまで。明後日のことまで考えるとストレスになりますから。まあ、ストレスになったところで、ちょっとふざければストレスはなくなりますけどね。ストレスで不安になること？ それは絶対にありません。不安になるのは何か期待しているからでしょう。私は何も期待していないのです。

352 侮辱されても、結果はあなたの対応次第

誰かが私に向かって「お前はとんでもないバカ者だ」と言ったとしましょう。それにどう対応するかは私の自由です。どんな選択でもできます。「バカにされた。攻撃しなくては」という対応もできますし、「どうせ俺は外国人だからバカにされるんだ」と落ち込むことだってできます。あるいは、「バカというのは、私のどんなところを見てそう言っているのですか？　あなたは有能なのですか？　ディスカッションしましょう」と議論に持ち込むこともできますし、「別に」というふうな態度でいることもできます。あるいは、「あら、ありがとうございます。あなた私がバカなこと、どうやってわかったの？」と返してもいいでしょう。そういうふうに対応すると相手もびっくりして、お互い笑って終わる結果になるのです。

353 親しい人々との死別

人が亡くなると、誰の心にも穴が空きますよ。それは別に不思議なことではないのです。でも空いた穴はすぐにふさがなくてはいけません。

私も師匠が亡くなったという電話を受けたとき、心に大きな穴が空きました。自分の人生はずっと「師匠がいる」という前提で作られていました。自分がやったバカなことも立派なことも、いつも師匠に報告していたのです。でも報告する相手がいなくなってしまった。それで心に穴が空いて、二、三分くらいでしょうかね、身体が動かなくなってしまいました。でもすぐに「あっ、これからはすべての責任を自分で背負わなくちゃいけないんだ。落ち込んでいる場合じゃないぞ」と思って、それで終わり。心の穴はふさがって、それからは自分の責任は自分で果たすようになったのです。

354 命は儚い。この事実を心に刻みましょう

この言葉を覚えておいてください。「命は泡沫《うたかた》のように儚いものである」と。いくら健康であっても長生きできる保証はありませんし、若いからといって長生きできる保証もありません。

人はどんな形で死んでしまうかわかりません。ほんのちょっと身体の機能がおかしくなってしまったら、その時点で人は死にます。足が滑った、たったそれだけのことで、どこかに落ちて死ぬ可能性だってあります。

だから、「命は儚いものである」というフレーズを一つの人生哲学として、頭の中によくインプットしておいてください。これは幻覚でも妄想でもなく、事実なのです。

355 死を知る人が自由に達する

おいしいものを食べなさい、贅沢な服を着なさい、いい家を作りなさい、そのためにお金を儲けなさい、友達をたくさん作りなさい、結婚しなさい、子どもを作りなさい、などなどのアルゴリズムが我々の脳にプログラムされています。

そこに「あなたは死にます」と入れてしまうと、そのプログラムは壊れてしまいます。生きるプログラムは「私は死なない」という嘘の前提でできているからです。

だから我々には死は理解できないし、生きるためには貪瞋癡が必要だということになっているのです。死ぬことが事実だとわかっている人は、貪瞋癡が消えてしまいます。

356 宇宙法則（ダンマ）に逆らってはならない

真面目に合法的にお金を儲けて自分の家族を養うのは、仏教的には善行為です。しかし嘘を言って、百円でも儲けてはいけません。その百円でご飯を食べてはいけません。違法です。仏教でいう法とはダンマのことです。ダンマというのは宇宙法則です。宇宙法則に逆らうことは、すごい罪になってしまうんです。たとえば我々には地球の自転を変えることはできません。誰かが地球の自転をちょっと遅くしようとしてみたら、その人はひどい目に遭うでしょう。誰かがバチを与える必要はありません。宇宙法則に逆らったら当然の結果を受けるだけです。ダンマに逆らってはいけないのです。

357 孤独に生活すると嫉妬に気づけない

自分に嫉妬心があるかどうかを知るには、いろいろな人々と仲良くする必要があります。嫉妬心というのは人間と関係を持って生活して初めて現れる現象です。出家のお坊さんたちの中には、昔も今も、一人で生活したがる人々がいます。でもそれってけっこうやばいんですよ。一人で生活すると、自分に嫉妬心があるかどうか、わからなくなってしまいますから。発病しなければ治療はできないのです。

358 我を張り合う世界でこそ「慈しみ」に挑戦しましょう

性格の悪い人や自分と相性が悪い人と仲良くしなければいけないという状況は、我々にとって忍耐の修行をするためにもってこいの条件です。「相手の生命が優しくなければ、私は生命に優しくしません」という理屈は成り立ちません。どんな生命もわがままで、自己主張ばかりして、自分のことしか興味のない我の塊です。だから修行しやすいのです。「私はその人々のことを慈しんでやるんだ」と挑戦できるのです。

359 理不尽な世の中でも負けてはいけない

生きていると、いろいろなことが起こります。

腹が立つことや理不尽なこと、人に足を引っ張られることや、ありもしないことで陰口を言われること、いろいろなことが起こります。

無視されたりバカにされたりすることもあれば、自分が苦労して頑張ってした仕事の成果を誰かが横取りすることもある。そんなことが無数に起こります。私自身の人生にも、そういうことがしょっちゅうあります。

でもそれに負けてはいけないのです。友達に裏切られて落ち込んで、怒って攻撃して、自己破壊する。そんな感情まみれの反応をしているようでは、負けを認めたも同じことです。

360 過大評価にも怠けにも気をつけて

あなたが仕事をたくさん抱えすぎているのは、自分の能力を過大評価しているからです。自分にどれくらいの仕事ができるのかを冷静に考えてみてください。すると、「私には一日十個くらいの仕事しかこなせないな」と見積もることができます。そうしたら、一つプラスして十一個やってみるんです。自分の能力を見積もるときに、怠けが割り込んで、能力を低く計算している可能性がありますから。

逆に十個しかできないくせに十五個できると思ってしまうのは、欲が割り込んで自分の能力を過信して高く計算している場合です。そうなると最終的には十五個どころか十個も仕上げられません。

そういうふうに、我々は数字を利用して欲にも怠けにも気をつけたほうがいいのです。

361 自分と他人の能力を比べない

「それは業だ」と言われたら、「だから何？」という態度になってください。「だから何？　私はこの身体で自分にできることをやりますよ。あなたがやることは私にはできないけど、だから何？　問題ありますか？」と。

人を指さして「業だ」と言う人に言ってください。「あなた方は自分の体力や知識、能力を充分に使って、自分や社会のために活かしていますか？」と。

私は私にできることをやる。あなたはあなたにできることをやる。お互い様なんですよ。たとえ目が見えなくても、残りの機能で社会のために何かやって生きてみる。社会のために役立つことが何もできない場合でも、知識を増やしたり、ものごとはどうなっているのかと理解したりすればいいのです。

362

違いを認め合えない夫婦は危険

人間には違いがあるのが当然なのに、なぜ私たちは認め合えないのでしょうか？　It's your way of life. This is my way of life. これは私の価値観です。それはあなたの価値観ですね。別に気にしませんよ。という態度でいればいいのであって、互いに殺し合う必要はありません。Follow me. と言ってはいけないのです。

夫婦関係では特に気をつけなくてはいけません。女性は男性を完璧に自分の色に染めたがります。つまり自分の奴隷にしたくなるのです。男性だって同じです。奥さんというのは家の仕事をする使用人だと勘違いしています。

いずれも罪になる恐ろしい生き方です。結婚しても女性には女性の way of life がありますし、男性には男性の way of life があります。違いを認め合えない夫婦は危険なのです。

363 悪いことは楽ちん、善はめんどくさい

皆さんは何かやろうと計画して、一日でうまくいったということはありますか？　思い浮かびませんね。

何か成そうとする場合、着々と時間をかけて取り組まなければいけないのです。悪いことだったら一日でできてしまいますけどね。死にたいと思ったら？　すぐに死ねますね。一日でできることはすべて悪いことなのです。

だから「コツコツと頑張る」ことが正しいのです。心の中から出てくる「コツコツなんてやりたくない、面倒くさい。一発でやれる方法はないのか」という気持ちは怒りの元です。別に七面倒くさくたっていいんじゃないでしょうか？

364 在家は才能を活かして生きるべき

在家の場合、頭がよかったり、商売の能力があったり、あるいは新しいものを考える能力があってベンチャー企業を立ち上げられるような才能があったら、その能力はぜひ活かしてください。その能力を世の中の人々のために使ってください。

その結果として、お金が入るのは仕方のないことです。

入ったお金は、必要なモノに使ってください。

もし必要以上にお金が入ったならば、それは人類の幸せのために使って功徳を積んでください。

お金には愛着、執着を抱かないことです。お金を第一優先にはしないでください。

365 人格向上した結果は衰えない

知識にも、重要なものとそうではないものがあります。体得するために頑張らなくてはいけない知識というのは、やはり自分を助けてくれる知識です。いつでも役に立つ、いつでもその知識を使って自分が幸せに生きていられる、そういう知識です。

まとめると知識には二種類あるのです。知識のための知識と、生きるために役立つ知識です。知識のための知識はどうでもよいですが、人の役に立つ知識は頑張って学ぶべきです。役に立つという範疇も広いので、そこには金儲けのための知識も入ります。しかしもっとも大切なのは、人格向上のために、立派な人間になるために必要な知識です。その知識を使って人格者になったならば、その人格はけっして衰えません。立派な人間になって、人格向上した結果は失われることがないのです。

『ブッダのユーモア活性術――役立つ初期仏教法話8』(サンガ新書026、2008年)
035, 074, 100, 101, 157, 158, 243

『ブッダはなぜ心を重視するのか――心は「幸福」「不幸」のクリエイター』(お釈迦さまが教えたこと7、2009年)(サンガ選書005、2011年)
073, 110, 121, 124, 212, 213, 273

『平和の生滅――生存の矛盾を超えて』(お釈迦さまが教えたこと2、2006年)
013, 122, 231, 252, 253, 312

『まさか「老病死に勝つ方法」があったとは――ブッダが説く心と健康の因果法則』(2008年)(『老病死に勝つブッダの智慧――心と健康の因果法則』サンガ新書042、2009年)([新装版]、2017年)
045, 094, 135, 136, 137, 192, 204, 205, 206, 214, 235, 237, 240, 311

『迷いと確信――大乗仏教からテーラワーダ仏教へ』山折哲雄氏との共著(2007年)
023, 026, 049, 172, 182, 209, 216, 221, 229

『無我の見方――「私」から自由になる生き方』(2012年)(2023年、サンガ新社[刊])
032, 033, 277, 278, 302, 303, 304, 305

『無常の見方――「聖なる真理」と「私」の幸福』(お釈迦さまが教えたこと1、2006年)(サンガ新書038、2009年)(2023年、サンガ新社[刊])
040, 041, 127, 267, 268, 269, 271, 272, 274, 275, 288, 292

『有意義な生き方――幸福に生きるとは?』(お釈迦さまが教えたこと3、2006年)(サンガ新書059、2013年)
012, 086, 093

『欲ばらないこと――役立つ初期仏教法話13』(サンガ新書048、2011年)
043, 072, 083, 084, 089, 097, 170, 215, 255, 301

『忘れる練習・記憶のコツ――役立つ初期仏教法話14』(サンガ新書058、2013年)
022, 117, 249

YouTube　日本テーラワーダ仏教協会 公式チャンネル　ショート動画
https://www.youtube.com/@j_theravada/shorts
324, 325, 326, 327, 328, 329, 330, 331, 332, 335, 336, 337, 339, 340, 341, 342, 343, 344, 345, 346, 347, 348, 349, 350, 351, 352, 353, 354, 355, 356, 357, 358, 359, 360, 361, 362, 363, 364

『的中する生き方――役立つ初期仏教法話10』（サンガ新書034、2009年）
009, 076, 090, 102, 103, 129, 154, 171, 313, 314

『なぜ、悩む！――幸せになるこころのしくみ』玄侑宗久氏との共著（2005年）（『仏弟子の世間話』サンガ新書007、2007年）
123, 132, 173, 211, 234, 238, 242, 246

『悩みと縁のない生き方――「日々是好日」経』（2009年）（『〈初期仏教経典解説〉「日々是好日」経――［増補新版］悩みと縁のない生き方』、2016年）
053, 054, 055, 056, 057, 065, 066, 067, 081, 096, 130, 180, 187, 188, 236

『日本の未来――アイデアがあればグローバル化だって怖くない！』（サンガ新書061、2014年）
019, 039, 118, 134, 144, 202, 230, 233

『バカの理由《わけ》――役立つ初期仏教法話12』（サンガ新書045、2011年）
075, 092, 258, 282

『Power up Your Life――力強く生きるためにブッダが説いたカルマの法則』（2007年）（サンガ新書036、2009年）
005, 036, 105, 106, 151, 250, 251, 256, 320, 322

『仏教で生きる！――仏教対談「悩まない生き方」』板橋興宗氏、金光寿郎氏との共著（2013年）
059, 133, 142, 143, 161, 183, 257

『仏教と脳科学――うつ病治療・セロトニンから呼吸法・坐禅、瞑想・解脱まで』有田秀穂氏との共著（2010年）（サンガ新書056、2012年）
037, 190, 196

『ブッダの質問箱――仏教まるごとQ&A』（サンガ新書046、2011年）
165, 227, 263

『ブッダの集中力――役立つ初期仏教法話9』（サンガ新書030、2008年）
014, 016, 024, 025, 028, 099, 107, 112, 162, 194

『ブッダの道の歩き方』立松和平氏との共著（2006年）
163, 164, 177, 178

『幻想を超えて』夢枕獏氏との共著（2010年）
044, 080, 147, 148, 179, 200, 265, 283, 294, 295

『現代人のための瞑想法——役立つ初期仏教法話4』（サンガ新書013、2007年）
042, 051, 058, 116, 125, 156, 208, 293, 321, 323

『心の中はどうなってるの？——役立つ初期仏教法話5』（サンガ新書016、2007年）
020, 047, 069, 085, 119, 120, 128, 140, 159, 160, 203, 244, 297

『心は病気——役立つ初期仏教法話2』（サンガ新書006、2006年）（『心は病気——悩みを突き抜けて幸福を育てる法』(KAWADE夢新書427、2021年、河出書房新社［刊］)
108, 109, 114, 184, 197, 198, 199, 207, 218, 296

『スッタニパータ「犀の経典」を読む』(2022年、サンガ新社［刊］)
333, 334, 338, 365

『自分を変える気づきの瞑想法』（2004年）（【増補改訂版】、2011年）（【第3版】、2015年）
（『ヴィパッサナー瞑想　図解実践——自分を変える気づきの瞑想法【第4版】』、2020年）
（『ヴィパッサナー瞑想　図解実践——自分を変える気づきの瞑想法【決定版】』、2023年、サンガ新社［刊］）
111, 152, 153, 193, 210, 217, 232, 280, 309

『13歳へ——よい親も、よい先生も、あなた次第』（2010年）（『［新版］13歳へ——13歳のチカラが世界を変える』、2015年）
029, 145, 146, 186, 195, 248

『出家の覚悟——日本を救う仏教からのアプローチ』南直哉氏との共著（2009年）（サンガ選書001、2011年）（サンガ文庫、2019年）
061, 247

『自立への道——ブッダはひとりだちを応援します』(お釈迦さまが教えたこと6、2008年)
（サンガ選書003、2011年）
004, 011, 021, 050, 052, 155, 168, 169, 261, 264, 307

『人生は美しく清らかに——潔癖VS清浄』（お釈迦さまが教えたこと5、2007年）（サンガ選書002、2011年）
003, 010, 126, 131, 138, 139, 276

『智慧は人生の羅針盤——人がめざすべき幸福の話』(お釈迦さまが教えたこと8、2009年)
001, 002, 018, 068, 070, 071, 228, 285, 289

参照文献リスト［五十音順］

※本書の内容は、著者の過去の刊行物を参照して構成したものです。文章は、文意を損なわない範囲で変更しています。
※本書の参照文献はサンガから刊行したアルボムッレ・スマナサーラ長老の著書です（共著、他出版社刊行、動画については特記しました）。
※数字は、本書の掲載順に振られている001～365の番号です。

『あべこべ感覚――役立つ初期仏教法話7』（サンガ新書022、2008年）
007, 030, 031, 063, 222, 223, 224, 226, 239, 245, 259, 266, 270

『ありのままの自分――アイデンティティの常識を超える』（お釈迦さまが教えたこと4、2007年）（サンガ選書006、2011年）
064, 088, 095, 113, 175, 176, 191, 290, 291, 310

『生きる勉強―― 軽くして生きるため、上座仏教長老と精神科医が語り合う』香山リカ氏との共著（サンガ新書044、2010年）
241, 298

『いつだって逆境――それでも「くじけない」心がまえ』（2012年）
034, 060, 104, 225, 318

『いまここに生きる智慧――シスターが長老に聞きたかったこと』鈴木秀子氏との共著（2007年）
046, 048, 091, 098, 149, 150, 166, 167, 174, 201, 262, 279, 284, 317

『怒らないこと――役立つ初期仏教法話1』（サンガ新書003、2006年）（『怒らないこと』だいわ文庫、2021年、大和書房［刊］）
017, 027, 079, 082, 087, 141, 181, 189

『怒らないこと2――役立つ初期仏教法話11』（サンガ新書043、2010年）（『怒らないこと2』だいわ文庫、2022年、大和書房［刊］）
008, 015, 038, 062, 185, 281, 286, 300, 316

『苦しみをなくすこと――役立つ初期仏教法話3』（サンガ新書010、2007年）
006, 254, 319

『結局は自分のことを何もしらない――役立つ初期仏教法話6』（サンガ新書019、2008年）
077, 078, 115, 219, 220, 260, 287, 299, 306, 308, 315

本書は、サンガより2014年に刊行された『一分で読むブッダの教え』を底本とし、
新たに第6章を加えて編集したものです。

クラウドファンディングにご支援をいただき、誠にありがとうございました。

本書『一日一分 ブッダの教え 365』は、2024年に実施したクラウドファンディング「#仏教はじめてセット｜スマナサーラ長老の日めくりカレンダーと書籍で毎日を元気に！」プロジェクトでのご支援によって刊行することができました。

2024年7月20日に「150万円」の目標額を掲げてスタートしたこのプロジェクトは、最終日の8月31日までに、目標額の149パーセントとなる支援額「223万6000円」、支援者数「326人」のご支援をいただきました。ご支援いただいた皆様、誠にありがとうございました。

このクラウドファンディングでは、書籍の事前予約をはじめ、さまざまなリターンをご用意いたしました。

そのなかで、出版協力者としてお名前を書籍の紙面に掲載するコースをお申し込みいただいた方のお名前を、感謝の気持ちを込めて以下に掲載させていただきます。（敬称略・順不同）

出版協力 ご支援御礼

田中 信
天野 陽子

福田 芳史
清森 義行
丹治 秀和
らーめんえにし
松浦 快太郎

アルボムッレ・スマナサーラ Alubomulle Sumanasara

テーラワーダ仏教（上座仏教）長老。1945年4月、スリランカ生まれ。13歳で出家得度。国立ケラニヤ大学で仏教哲学の教鞭をとる。1980年に来日。駒澤大学大学院博士課程を経て、現在は（宗）日本テーラワーダ仏教協会で初期仏教の伝道と瞑想指導に従事している。朝日カルチャーセンター（東京）講師を務めるほか、NHK Eテレ「こころの時代」「スイッチインタビュー」などにも出演。著書に『スッタニパータ「犀の経典」を読む』『ヴィパッサナー瞑想　図解実践―自分を変える気づきの瞑想法【決定版】』『無常の見方』『苦の見方』『無我の見方』（以上、サンガ新社）、『怒らないこと』（だいわ文庫）、『ブッダが教える心の仕組み』（誠文堂新光社）、『70歳から楽になる』（角川新書）、『考えないこと―ブッダの瞑想法』（大和書房）、『Freedom from Anger』（米国Wisdom Publications）など多数。

日本テーラワーダ仏教協会
http://www.j-theravada.net/

一日一分　ブッダの教え　365

2024年12月1日　第1刷発行

著　者　アルボムッレ・スマナサーラ
発行者　佐藤由樹
発行所　株式会社サンガ新社
〒980-0012
宮城県仙台市青葉区錦町2丁目4番16号8階
電話　050-3717-1523
ホームページ　https://www.samgha-shinsha.jp/

印刷・製本　創栄図書印刷株式会社

ISBN978-4-910770-98-7 C0015

サンガ新社　書籍案内

WEBでのご注文　https://online.samgha-shinsha.jp/items/　〔サンガオンラインストア〕

お電話でのご注文　050-3717-1523〔株式会社サンガ新社〕

メールでのご注文　info@samgha-shinsha.jp〔株式会社サンガ新社〕

サンガ新社の書籍は、上記からのご注文の他、Amazonなどのオンライン書店や、全国の書店からもご注文いただけます。

図解でわかる！
・食べる瞑想　・立つ瞑想
・歩く瞑想　・座る瞑想

ヴィパッサナー瞑想　図解実践
自分を変える気づきの瞑想法【決定版】

アルボムッレ・スマナサーラ［著］

定価：本体1,600円＋税／A5判変型／並製／296ページ／ISBN978-4-910770-51-2

ストレスに負けずに前向きに生きる力を育て、心のモヤモヤをきれいに取り去るお釈迦様の瞑想

やさしい気持ちを育てる「慈悲の瞑想」から、
ブッダが悟りを開いた「ヴィパッサナー瞑想」まで――
マインドフルネスの起源である仏教瞑想を
わかりやすく解説する入門実践ガイドの決定版！

熊野宏昭先生 **名越康文**先生**推薦！**

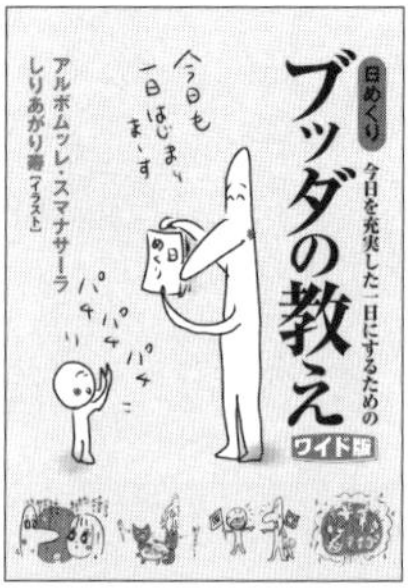

今日を充実した一日にするための
日めくり　ブッダの教え［ワイド版］

アルボムッレ・スマナサーラ［著］
しりあがり寿［イラスト］

定価：本体2,000円＋税／卓上・壁掛け両用型／232mm×167mm（壁掛け時）／31日分・18枚綴／ISBN978-4-910770-97-0

毎日の生活に仏教の智慧を
人気の日めくりカレンダー

31日分の日付がついた「日めくりカレンダー」です。毎日を充実した一日にするためのブッダの教えが収録されています。文章はスリランカ初期仏教のアルボムッレ・スマナサーラ長老です。さらに漫画家・しりあがり寿さんが、スマナサーラ長老の言葉をユニークなイラストで表現してくれました。日めくりカレンダーはデスク上にも置けて、壁にも飾れる、卓上・壁掛け併用タイプ。一日のちょっとした時間にブッダの教えに触れることができます。